SCORPIO

Christl Lieben

Die Liebe kommt aus dem Nichts

Wenn sie uns berührt, nehmen wir Gestalt an

In Zusammenarbeit mit
Gerald Schmickl

SCORPIO

MIX
Papier | Fördert gute Waldnutzung
FSC® C083411
www.fsc.org

Der Umwelt zuliebe
• produzieren wir zu über 90% in Deutschland
• achten wir auf kurze Transportwege
• drucken wir auf Papier aus nachhaltiger Waldwirtschaft und anderen kontrollierten Quellen

3. Auflage 2023

Umschlaggestaltung: Hauptmann & Kompanie Werbeagentur, Zürich
Satz: Robert Gigler, München
Druck und Bindung: CPI, Leck
ISBN 978-3-943416-79-4

Scorpio-Newsletter: Mehr zu unseren Büchern und Autoren kostenlos per E-Mail
www.scorpio-verlag.de

Inhalt

Vorwort 7
Einleitung 9

1. Liebe frei von Mitgefühl 16

Der Mensch im Wasserlicht 16
Das Öffnen innerer Räume 28
Zerbrechliche Fragen – namenlose Schicksale 42
Frei von Anhaftung 50
»Alles Walzer!« – Der Tanz von Geist und Körper 58
Geist und Körper im Dialog 64

2. Die Anfängliche Gestalt und Die Liebe, die mich wollte 74

Die Anfängliche Gestalt 74
Die Liebe, die mich wollte 82

3. Die Lust am Bösen 96

Ein Gespräch über das Dunkle, das Hässliche und die Kreativität von Zerstörung 96

4. Innere Wahrheiten 113

Ein Gespräch über Religion, Spiritualität und Esoterik 113

5. »Mir ist immer alles zugefallen« 127

Erinnerungen an Badezimmergespräche und andere biografische Stationen. Ein Lebensmosaik 127

Nachwort 148
Danksagungen 149
Glossar 153
Stimmen zum Buch 159

Vorwort

In diesem Buch spreche ich über meine sehr persönlichen Bilder und Vorstellungen und erhebe in der Auseinandersetzung mit den Themen der »Liebe frei von Mitgefühl«, der »Anfänglichen Gestalt« und der »Liebe, die mich wollte« keinerlei Anspruch auf allgemeine Gültigkeit. Besonders mit der Anfänglichen Gestalt betrete ich einen mir völlig unbekannten Boden: Ich suche – und ich meine zu finden. Ob ich tatsächlich einer Wahrheit nähergekommen bin, weiß ich nicht. Ich kann nur meine inneren Erlebnisse erzählen und die Schlüsse schildern, die ich ganz persönlich daraus gezogen habe. Ich erspare Ihnen und mir aber, davon dauernd nur in der Möglichkeitsform zu schreiben, denn das wäre zu mühsam. Ich schildere meine Phantasien als Tatsachen, aber – ganz wichtig – es sind eben nur meine Tatsachen. Die Menschen, die dieses Buch lesen, sind daher gebeten, nur diese Inhalte anzunehmen, die sie selbst von innen her bejahen können. Dann wird in ihnen ihre eigene Wahrheit wach werden – und darum geht es mir. Ich möchte teilen und nicht predigen.

Da meine Augen wenig sehen, ist dieses Buch zum Großteil im Gespräch mit dem Autor und Journalisten Gerald Schmickl entstanden; seinen einfühlsamen Fragen habe ich sehr gerne geantwortet. Er war mir auch eine wunderbar präzise Kontrollinstanz für die Texte, die ich geschrieben und nicht gesprochen habe. Darüber hinaus hat er dem Buch Rahmen und Struktur gegeben. Er hat einfach mehr Erfahrung, wie man ein Buch konzipiert.

Unsere Zusammenarbeit war leicht, heiter und fließend. Mein ganz großer Dank begleitet ihn. Inzwischen sind wir Freunde geworden.

Einleitung

Die Liebe kommt aus dem Nichts

Irgendwann, in meiner Lebensmitte, begegnete ich diesem Gedicht von Rainer Maria Rilke:

> *»... Lass dir alles geschehn: Schönheit und Schrecken.*
> *Man muss nur gehn: Kein Gefühl ist das fernste.*
> *Lass dich von mir nicht trennen.*
> *Nah ist das Land,*
> *das sie das Leben nennen.*
>
> *Du wirst es erkennen*
> *an seinem Ernste.*
>
> *Gib mir die Hand.«*

Weiter oben in diesem Gedicht heißt es:

> *»... geh bis an Deiner Sehnsucht Rand ...«*

(Den vollen Wortlaut des Gedichts siehe Glossar, Anm.)

Ich konnte dieses Gedicht lange nicht lesen, ohne dass mir die Tränen der Berührtheit über die Wangen liefen, bis ich begriff, dass ich, seit ich denken konnte, auf dem Weg zu meiner Sehnsucht Rand unterwegs war. Das stärkste Charakteristikum dieses Weges ist, dass man nie ankommt. Der Rand bewegt sich vor mir, ich gehe auf ihn zu und gehe und gehe und der Rand bewegt sich vor mir … manchmal verschwimmt er in den Tränen meiner Sehnsucht, manchmal ist er ganz klar und wie zum Greifen nahe.

Ich ließ mir alles geschehen, Schönheit und Schrecken. Die Schrecken kamen in Abständen und sehr geballt. Ich kann nicht behaupten, dass ich ihnen gewachsen war, aber ich überlebte. Die Existenz meines geliebten Kindes, Freunde und mein Beruf, der mir so wichtig ist und in den meine Erfahrungen einflossen, halfen mir.

Es ist ungefähr 30 Jahre her, da packte mich mein Leben mit festem Griff und ließ mich lange nicht mehr los. Jahrelang nicht. Zuerst kam mein Lebensmensch, der Vater meiner Tochter, in eine existenzielle Krise, die ihn mehrmals fast das Leben kostete. Meine Tochter, der wichtigste Mensch in meinem Leben, wanderte nach Amerika aus, wo sie noch immer lebt. Mein innig geliebter Bruder starb an Krebs, und ich verlor zu allem Überfluss mein gesamtes Vermögen. Der Wirtschaftsanwalt meiner Familie entsorgte es (zusammen mit dem Vermögen vieler anderer Menschen) an der Londoner Börse. Er war ein Spieler, niemand wusste es. Ich wurde herzkrank, und auch meine Augen reagierten. Die Diagnose einer »Makuladegeneration« auf beiden Augen wies mir mit unerbittlicher Klarheit den Weg in die Dämmerung.

Mein Leben lag scheinbar in Trümmern. Da geschah etwas. Erst im Rückblick kann ich es benennen. Aus den Rissen und Abgründen dieser Trümmer strömte mir eine Qualität entgegen, wie klares, leuchtendes Wasser. Dieses Wasserlicht, dem ich später in meinem Leben in einem inneren Bild wieder begegnete, verbarg die Bruchstücke meines Lebens nicht, löste sie nicht auf und beschönte sie nicht. Es war einfach nur da – gleichzeitig mit den Brüchen meines Lebens. Das Wasserlicht tröpfelte, es floss, es quoll mir entgegen, und staunend ahnte ich: das ist Liebe. Ich versuchte, hinter dieses Geschehen zu blicken, auf die Hinterbühne meines Lebens sozusagen. Ich fand nichts. Die Liebe kam scheinbar aus diesem Nichts.

War der Zerfall meines Lebens Voraussetzung für das Auftauchen dieser Liebe? Immer noch wehre ich mich gegen diese Vorstellung, aber »sachlich« gesehen, schien es so zu sein. In den Texten zu diesem Buch nenne ich mein erkranktes Herz meine »Lebenswunde«. Sind Lebenswunden die Voraussetzung für die Begegnung mit dieser Liebe?

Inzwischen ist es Teil meiner inneren Wahrheit geworden, dass wir immer von dieser Liebe durchströmt und getragen sind, aber wir wissen es nicht. Wir haben es vergessen. Muss erst der Panzer unserer Vorstellungen bersten, bevor wir beginnen zu erkennen und uns zu erinnern? Bei mir scheint es so zu sein – und bei vielen anderen Menschen auch. Aber ich hoffe und wünsche mir, dass es andere Wege gibt und geben wird, dieser Liebe zu begegnen, sich mit ihr zu verbinden und durch sie zu leben.

Während ich das schreibe, taucht ein ganz anderes Bild in mir auf, das eine erste Antwort auf meine Frage sein könnte. Ich stehe irgendwo in der Landschaft, die Wiesen duften, die Sonne scheint und der Himmel ist weit und offen. Liebe strömt in mich ein, sie kommt von allen Seiten, aus allen Richtungen. Alles ist von ihr durchflutet. Es ist diese Liebe, die aus dem Nichts kommt, aber diesmal wird sie von meinem Glück gerufen und nicht von meinem Leid. Ich nehme sie an, ich erfahre sie, aber ich hinterfrage sie nicht. Hier, in diesem wunderbaren Moment, scheint sie selbstverständlich zu sein. Sie macht mich glücklich, aber sie verändert mich nicht. Die Liebe aber, die mir aus dem Leid entgegenkommt, setzt gewaltige Prozesse in Gang, wirft Fragen auf und verändert mein Weltbild. Es ist beide Male die gleiche Liebe. Im Leid bin ich bis in meine Tiefe aufgerissen. Da erlebe ich, wie die Liebe aus dieser Tiefe aufsteigt und mich nachhaltig bewegt. Warum geschieht das nicht in Augenblicken großen Glücks? Wäre es nicht ein empfehlenswerter Lernprozess, mich von der Liebe des Glücks ebenso tief und verändernd berühren zu lassen wie von der Liebe, die Angst und Leid begleitet?! Es wäre eine Befreiung aus einer fatalen Konditionierung, die durch ein Jahrhunderte währendes Missverständnis der christlichen Idee entstanden zu sein scheint.

~

In diesen Jahren damals war mir das alles nicht klar. Es dauerte eine Weile, bis ich begriff, was mir da aus den Abgründen meiner Existenz entgegenkam. Ganz allmählich nur erkannte ich, dass es Liebe war. Eine Liebe, die ich auch nur zögerlich zulassen konnte, so verstrickt war ich in mein Schicksal. Nur in kleinen Schritten begriff ich über eine lange Zeit hinweg das Wunder, das mir geschah, und begann zu vertrauen.

Jetzt wusste ich: »Ich muss nur gehen, kein Gefühl ist das fernste …«

Ich bin sicher, Rilke hat diese Liebe gekannt. Mein Vertrauen ging mir oft genug verloren, das änderte aber nichts an meinem Vertrauen. Dieses mächtige Paradoxon erlebte ich damals zum ersten Mal. Inzwischen ist es ein Grundpfeiler meiner inneren Welt geworden, und ich muss jedes Mal lachen, wenn ich daran denke. Ich kann es nicht erklären, ich kann es nur erleben und annehmen.

Ich begann, dem Nichts zu vertrauen.

»Tief verwurzelt im Bodenlosen«, heißt es im Zen.

Das Bodenlose ließ mich schaudern, machte mir aber keine Angst. Ich hatte es ja bereits in verschiedenen Ausdrucksformen – zumindest andeutungsweise – kennengelernt. Und ich hatte überlebt. Es war mir klar, dass mein beginnendes »Erkennen« immer nur eine ferne Ahnung einer unfassbaren Wirklichkeit sein kann. Irgendwann unterwegs begriff ich, dass es nichts zu begreifen gibt. Das Nichts kann man nicht begreifen, man kann nur seine eigene Vorstellung davon wahrnehmen. Die Vorstellung einer vorstellungslosen Vorstellung befreite mich – und mein Vertrauen wuchs. Ich musste mir keinen Gott mehr zurechtzimmern.

War ich wieder gott-los geworden wie in meiner Jugend? Nein, im Gegenteil. Aus der Liebe kam mir eine Gewissheit entgegen, die ich nicht weiter hinterfragen musste, um ihr zu vertrauen. Meine theologischen Freunde reagierten unterschiedlich auf mein sich im Nichts auflösendes Bild von Gott. Sie sprachen von der Kostbarkeit eines persönlichen Gottes und der Möglichkeit einer dialogischen Beziehung mit ihm. Ich gestand ihnen, dass ich mit dem Nichts wunderbar dialogisieren kann. Es ist mir bewusst, dass ich da zwei sich ausschließende Konzepte miteinander verbinde, aber das kümmert mich nicht. Ich lasse mich von der Liebe führen, die mir aus dem Nichts entgegenkommt. Das Nichts ist für mich der einzig legitime Name für die Instanz, die Gott genannt wird. Der Begriff des Nichts befreit Gott weitgehend von meinen Projektionen. Als ich das vor Kurzem meiner Tochter sagte, fragte sie: »Weiß Gott das?« – Eine spannende Frage.

Meine tiefe Zugehörigkeit zur Kultur der Zen-Meditation trägt mein Gottesbild. Und dennoch tat es mir gut, Zustimmung aus dem christlichen Raum zu bekommen. Eines Tages hörte ich in der Wiener Innenstadt den Jesuitenpriester Gustav Schörghofer predigen. Er sprach von der Liebe zwischen den Menschen, und plötzlich machte er einen Schritt darüber hinaus und sprach von einer Liebe, die aus dem Nichts kommt ... dieselben Worte ... unglaublich. Stand eine ähnliche Erfahrung dahinter? Ich ging mit dieser Rückenstärkung voller Dankbarkeit nach Hause.

Vor einem halben Jahr erst begegnete ich dann dem Zitat des Theologen Dietrich Bonhoeffer aus den Gefängnisbriefen: »Einen Gott, den es gibt, gibt es nicht.«

Ein Weltbild – mein Weltbild – in acht Worte gefasst. Genial. Diese Worte klingen und schwingen in mir wie die schönste Musik. Und mit der Haltung dieser beiden Männer fühle ich mich auch von der Kultur verstanden, in die ich hineingeboren bin.

~

Aus dem kristallklaren Licht der Liebe, die aus dem Nichts kommt, ist die Schöpfung entstanden, und auch wir, als Teil dieser Schöpfung, verdanken unsere Existenz einem kreativen Impuls der Liebe, die sich aus Freude an sich selbst ständig neu erschafft. Alles Geschaffene entspringt dieser freudigen Liebe, die am Anfang unseres Werdens steht und mit uns geht und bleibt und uns trägt.

Die Liebe aus dem Nichts wird durch Milliarden und Abermilliarden Prismen aufgefächert in alle Schattierungen des Schöpfungsbewusstseins. Selbst in den schrecklichsten Verzerrungen, die der menschliche Geist zustande bringt, ist noch eine Ahnung dieser Liebe enthalten und kann, wenn sie zugelassen wird, heilend wirken.

~

In diesem Buch spreche ich von zwei Aspekten der Liebe, die aus dem Nichts kommt. Eigentlich sind es zwei Gestaltwerdungen. Wir können dieser Liebe ja nur in einer Gestaltwerdung begegnen, in ihrer reinsten Form ist sie vom menschlichen Geist nicht erfassbar. Wenn man aus dem Meer einen Krug Wasser schöpft, dann nimmt dieses Wasser die Form des Kruges an. Wir sind das Gefäß, in dem die Liebe Gestalt erhält. Es ist immer die Gestalt, die unserem gegenwärtigen Fassungsvermögen entspricht. Die Gestalten sind wandelbar. Schon morgen kann mein Fassungsvermögen zu einem anderen Gefäß werden. Wir begegnen dieser Liebe ständig neu und wir erfassen sie ständig anders – das ist die Bewegung des Lebens.

Indem ich die Gestalt benenne, fixiere ich sie bis zu einem gewissen Grad. Das geht gar nicht anders, wenn man damit arbeiten will. Es muss aber klar sein, dass es innerhalb dieser Gestalten unzählige Abwandlungen gibt. Und das ist wieder die Bewegung des Lebens, die mich so begeistert.

»Die Liebe frei von Mitgefühl« ist eine dieser Gestaltwerdungen. Über sie spreche ich in der ersten Hälfte des Buches. Sie ist mir in meiner Lebenschronologie zuerst begegnet.

Die nächste Gestaltwerdung habe ich »Die Liebe, die mich/uns wollte« genannt. Ich war und bin auf der Suche nach einem heilenden Konzept und stieß – gespeist von den Gedanken von Plato und Aristoteles – auf die Idee eines ursprünglichen Entwurfes von uns. Ich nannte unseren Ursprung »Die Anfängliche Gestalt«. Bald aber war mir klar, dass es hinter dieser Anfänglichen Gestalt noch etwas anderes geben müsse, etwas, aus dem unser Ursprung entstanden ist. Und dann war sie da, »Die Liebe, die uns wollte«. Die Kraft dieser Tatsache macht unser Leben erst zu dem, was es ist, und vor allem zu dem, was es sein kann.

1. Liebe frei von Mitgefühl

Der Mensch im Wasserlicht

Der eigentliche Auslöser für meine Annäherung an die »Liebe frei von Mitgefühl« war, dass ich gespürt habe, dass mein Körper mit meinem Arbeitspensum nicht mehr mithielt. Zuerst schob ich es nur aufs Pensum, aber bald begann ich zu vermuten, dass die Last, die meine Klienten mit ihren Geschichten ins therapeutische Setting mit hereinbrachten, auch etwas damit zu tun hat. Was mich überraschte, weil ich schon Jahrzehnte lang arbeite und mich immer ganz klar distanzieren konnte, vor allem emotional: Ich weine nicht mit den Klienten, steige nicht in ihre Geschichten ein, und am Abend habe ich meistens vergessen, wer überhaupt da war. Das lernt jeder in diesem Beruf.

Die Überlegung, ob es unseren Körper aber nicht doch belastet, ist mir gekommen, weil viele meiner Kollegen körperlich ähnliche Reaktionen hatten wie ich. Entweder reagierte, wie bei mir, das Herz – oder andere Organe meldeten sich. Und dann begegnete ich den Erkenntnissen des Japaners Masaru Emoto, der über Wasser geforscht hat und darauf gekommen ist, dass Wasser, das »beflucht« oder »beschimpft« wird, spitze Kristalle, und Wasser, das »liebevoll« angesprochen wird, Blumenformen macht. Davon leitete ich ab – da wir ja aus rund 70 Prozent Flüssigkeit bestehen –, dass unser Körper unter Umständen auf einer Ebene, die uns nicht bewusst ist, nämlich auf der Ebene unseres Blutes, Informationen aufnimmt und durch den Blutkreislauf im ganzen Körper verteilt. Das Organ, das für Belastungen besonders empfänglich ist, reagiert darauf. Oft ist es das Herz.

Bei mir wurde in diesem Jahr – es war 2007 – ein Herzeingriff vorgenommen, um Rhythmusstörungen zu beheben. Ich war ziemlich geschwächt, aber durch diese Schwächung sehr offen und begann, mir Fragen zu stellen. Ich war auf dem Land, um mich zu erholen, und eines Nachts hatte ich einen Traum.

Ich träumte sozusagen »Informationen«, und die »Botschaft« war folgende: Wir leben auf der Erde in einem Stadium, in dem wir neue Heilweisen einführen sollten, die schneller und direkter wirken. Es gibt eine Heilkraft, die von weither kommt und eine völlig andere Energie hat. Sie kommt aus einem anderen Zeitsystem, wo sie in Sekundenschnelle wirkt: Verwandlung passiert also nicht in einem Prozess, sondern in einem Augenblick. Wir aber haben ein anderes Zeitmaß auf der Erde, und bei uns würde diese schnelle intensive Energie tödlich wirken. Das heißt, wir müssen sie auf unsere Bewusstseinsebene herunterbringen, quasi konvertieren, und auf die Gesetze unserer Materie einstellen. Das Organ, das uns dabei hilft, ist das Herz. Also müssen wir über das Herz transformieren. Das war der erste Traum.

Ich wachte auf und schrieb mir das sofort auf. Aber ich wusste noch nicht, was ich damit anfangen sollte. Offensichtlich hat mein Unbewusstes angefangen, seine eigenen Wege zu gehen, um für mich Lösungen zu suchen.

Ein paar Tage später träumte ich eine »Fortsetzung«. Und in diesem Traum wurde mir mehr über die Transformationsnotwendigkeit des Herzens erklärt: Wir hier auf der Erde sind auf Mitgefühl konditioniert; diese neue heilende Energie hingegen kennt kein Mitgefühl, denn dort, wo sie entsteht und aktiv ist, gibt es kein Mitgefühl, sondern nur Liebe. Ich revoltierte zuerst einmal, habe in einer Art von innerem Dialog zu mir selbst gesagt: »Es gibt doch so viel Leid auf der Welt, das Mitgefühl braucht.« Aber sogleich und sehr bestimmt kam im Traum die Antwort: »Kein Mitgefühl, sondern Liebe!« Unser Herz muss demnach lernen, in einer neuen Weise zu lieben. Das ist offenbar die Transformation, die unser Herz machen muss: Es muss sich vom Mitgefühl befreien – nicht generell, aber in vielen Situationen.

Dann wachte ich auf, schrieb mir wieder alles auf – und blieb ratlos.

Am Tag darauf ging ich im Wald spazieren – langsam, suchend, fragend und weiterhin ratlos. Ich blieb an einer Stelle stehen, an der ich durch Bäume hindurch das Glitzern eines Sees sah. Noch immer war ich mit der Frage beschäftigt: Was mache ich jetzt mit diesen Informationen aus den Träumen? Wie soll das gehen, das mit der Transformation? Und plötzlich hatte ich ein Bild vor mir – ich weiß die Stelle noch genau, wo es war, und auch die Tageszeit: es war Nachmittag, das typische Nachmittagslicht lag über dem See.

Ich hatte plötzlich das Bild von einem Menschen vor Augen, der sich wie ein Fisch im Wasser bewegte, und zwar in einem kristallklaren, leuchtenden Wasser. Er bewegte sich frei, froh, vergnügt, nach allen Richtungen hin – es gab nichts, was ihn hinderte, er war völlig frei in diesem Element. Und ich stand am Rande dieses wunderbaren Bildes, mit einem Glas Wasser in der Hand, das trüb war. Ich kam mir sehr blöd vor, weil ich mir eingebildet hatte, einen Ruf nach Wasser zu hören; und dann kam ich – und sah diesen glücklichen Menschen in diesem wunderbaren Medium, und ich stand da mit meinem läppischen Glas Wasser, das noch dazu trüb war …

Dann war das Bild wieder weg, und ich verstand plötzlich etwas: Wir Menschen haben alles, was wir brauchen; das ist unser Grundzustand, dieses Sich-Bewegen in einem völlig klaren »Wasserlicht«. Mit dem trüben Glas Wasser bringen wir unser Mitgefühl, das der Situation überhaupt nicht gerecht wird. Der Mensch dort im Wasserlicht hat alles – und ich muss ihm nichts dazugeben; er hat sehr viel mehr, als ich ihm je geben kann, und er hat es aus sich selbst heraus.

Man sagt so oft, dass wir alle Teil der Schöpfung sind, alle aus derselben Quelle stammen, und daher auch mit allen Ressourcen der Schöpfung verbunden sind. Das kann man »göttliche« oder »universelle« Ressourcen nennen, das ist gleichgültig. Wir alle sind jedenfalls mit diesen Ressourcen verbunden, das heißt, wir haben in jeder Situation unseres Lebens genau das, was ich in diesem Wasserlicht-Bild gesehen habe – nämlich alles.

Wenn wir also Menschen begleiten, auch therapeutisch, geht es darum, diesen Menschen zu zeigen, dass sie alles haben. Denn wenn wir sie in ihrem Potenzial sehen, dann entsteht mit der Zeit auch in ihnen selbst dieses Erkennen. Das heißt aber, dass wir sie nie mehr in einem Mangel sehen dürfen. Denn wenn wir, die das Mitgefühl geben, andere im Mangel sehen, entsteht dadurch eine unzulässige Hierarchie. Wir sind genauso wie alles andere an die Qualität dieses Lichts angeschlossen. Dieser Gemeinsamkeit werden wir nur gerecht, wenn wir auf Augenhöhe miteinander kommunizieren.

Die Fröhlichkeit und Selbstverständlichkeit, in der sich dieser Mensch in dem Wasserlicht-Medium bewegte, enthielt für mich noch eine andere Botschaft: nämlich dass alles, was uns geschieht, von uns bejaht wird, von unserer tiefsten Instanz.

Karlfried Graf Dürckheim nennt diese Instanz den »Wesensgrund«. Wir wissen, dass wir genau diese Erfahrung suchen, um einen bestimmten Weg der Reifung zu gehen. Was wir also tun können und müssen, ist, einen tiefen Respekt zu verspüren vor dem Weg, den ein anderer geht, auch durch Krisen hindurch, weil seine Seele es bejaht. Und weil es zu seinem Weg gehört. Wir haben nicht das Recht, ihm diesen Weg kleiner zu machen, abzuschneiden oder gar abzunehmen. Wir können ihn nur mit unserem Respekt und unserer Liebe begleiten.

In dem Moment, als ich in mir diese Überlegung ernst nahm, dass wir alle aus derselben Quelle stammen und in uns alles haben, was wir brauchen, ist die Idee des Mitgefühls verschwunden und in mir ein Raum entstanden, in welchen wie von selbst eine Liebe, die eine völlig andere Qualität hatte, einfloss.

Diese Liebe, für mich der eigentliche Grundstoff der Schöpfung, wartet meiner inneren Erfahrung nach nur darauf, von uns erkannt und genützt zu werden. Bei mir ist das während des Waldspazierganges geschehen; ich spürte zum ersten Mal diese Liebe, erlebte sie als sehr intensives Gefühl und gleichzeitig als sehr distanziert und sehr pragmatisch – im Sinne von: Ein Mensch ist zwar in einer schwierigen Situation, aber er hat alles in sich, was er zur Bewältigung braucht, und ich bin nur da, um ihn in dieser Situation zu begleiten. Ich gehe neben ihm und mische mich nicht ein. Meine Aufgabe ist es nur, ihn zu unterstützen, die in ihm wohnenden eigenen Ressourcen zu finden. Was er dann daraus macht, ist allein seine Verantwortung. Sehr distanziert-sachlich also. Mein Herz war ganz erfüllt von der tiefen Wärme dieser Liebe und der gleichzeitig existierenden distanziert-sachlichen Haltung. Es war eine Überraschung für mich, dass beides neben- und miteinander möglich ist.

Diese Erkenntnis war für mich damals natürlich nicht sofort in dieser Klarheit präsent, ich bin ihr mit der Zeit Schritt für Schritt nähergekommen. Mittlerweile ist viel Zeit vergangen. Ich kann es jetzt erklären, damals habe ich es nur erlebt. Ich ging die Schritte des Verstehens fragend und tastend. Das Erstaunliche war, dass mir das Leben dann gleich ein Beispiel dafür brachte. Ein junger Mann aus meinem Freundeskreis starb.

Ich ging zu seiner Familie, um ihr beizustehen. Ich war noch ganz erfüllt von meinen Erlebnissen und inneren Bildern. Im Zusammensein mit der trauernden Familie lief der ganze Film, also der Strom von Bildern aus dem Wald, wieder in mir ab – ich richtete mich innerlich auf und sprach mit ihnen im Sinne dieser Bilder. Das heißt, ich begann im Geist dieser Liebe, die in diesem Moment spontan eingeflossen war, zu sprechen. Und ich erschrak über das, was ich sagte, denn es war unsentimental, nicht bedauernd, dafür klar und knapp. Um Gottes willen, was sagte ich denn da gerade? Das ist ja schrecklich! Aber die erstaunliche Folge war, dass wir alle viel größer als zuvor und – das mag jetzt seltsam klingen – wie von einem »leuchtenden Mantel« umgeben waren. Alle richteten sich auf. Zu meiner Überraschung und Erleichterung merkte ich, wie gut das ankam, was ich gerade gesagt hatte. Offenbar – ich kann es immer wieder nur als Rückschluss denken – vermittelt man in dem Moment, in dem man aus dieser Liebe spricht, allen anderen und auch sich selbst eine wunderbare Freiheit in diesem klaren Wasserlicht. Das heißt, es öffnet sich möglicherweise im Bewusstsein der anderen der Zugang zu dieser Urquelle, und dann können sich alle aufrichten. Nicht meine Worte haben aufgerichtet, sondern meine Haltung, aus der ich sie sprach. Ich habe alle, die Trauernden, eben in diesem klaren Medium gesehen – und mich selbst auch.

Es ist ganz wichtig, dass man sich selbst auch so sieht. Nicht nur den, den man meint. Wir alle bewegen uns gemeinsam in diesem klaren Licht, das immer da und die sichtbare Form der universellen Liebe ist, nur sind wir uns dessen zu wenig bewusst.

Diese seltsamen Lichtphänomene, diesen »leuchtenden Mantel« um uns alle herum, habe ich allerdings nie wieder gesehen, ich glaube, das war »beginner's luck«. Wenn man etwas anfängt, dann ist es ja manchmal so, dass es intensiver erscheint, schon einfach deswegen, damit man darauf vertraut, dass es funktioniert, und dann wird es zu einer Art Normalität.

~

In meinem Leben habe ich viel Mitgefühl empfunden und bekommen. Daher möchte ich an dieser Stelle auch einmal etwas Positives über das Mitgefühl sagen. Für mich ist es etwas sehr Kostbares, man muss nur wissen, wann Mitgefühl und wann Liebe frei von Mitgefühl angebracht ist. Oft gerät man spontan in eine Situation, da jemand in Not ist, und spürt dann zuerst einmal Mitgefühl, lässt es auch zu und drückt es aus. Damit ist der andere in seinem Leid gesehen und gewürdigt, und zwar auf konventionelle Weise – das tut gut. Bei Kindern ganz besonders, die brauchen das; aber auch Kinder reagieren in weiterer Folge sehr positiv auf diese Liebe frei von Mitgefühl.

Andererseits gibt es Menschen, die Mitgefühl noch nie erlebt und nie in sich zugelassen haben. Sie müssen das zuerst einmal lernen. Auch dazu möchte ich wieder ein Beispiel aus meinem Leben anführen. Ich kannte eine Frau, die in einer unglaublichen Weise brutal war, aggressiv, in der Familie um sich schlug, ja sogar Verletzungen bei Geschwistern und Eltern herbeiführte. Dann bekam diese Frau ein behindertes Kind. Und dieses Kind wurde zu ihrem Lehrmeister. Es war einfach beeindruckend, wie sich diese Frau über die Jahre veränderte, in dem Behüten und Sorgen um das behinderte Kind. Ihr Gesicht wurde weich und offen, ihre Stimme, ihr gesamtes Verhalten waren anders. Diese Frau ist ein neuer Mensch geworden. Sie hat über ihr Kind gelernt, Mitgefühl zu empfinden. Denn wer Mitgefühl nicht kennt und nicht empfinden kann, der hat auch keinen Zugang zur Liebe frei von Mitgefühl.

~

Wir sind ja nicht nur physiologisch, etwa durch die sogenannten Spiegelneuronen in unserem Gehirn, sondern auch durch unsere Kultur auf Mitgefühl angelegt. Allerdings wird es oft überhöht und übertrieben. Dazu hat – leider Gottes – die katholische Kirche viel beigetragen. In den meisten ihrer Kirchen sehen wir den Gekreuzigten, aber kaum je den Auferstandenen. Das heißt, die Katholiken bleiben an der Station des Leides hängen, die aber nur ein Durchgang ist, der zur Auferstehung führt. Das wird meistens vergessen. Ja, zu Ostern, kurze Zeit, wird daran erinnert, aber während des übrigen Jahres sonst bleibt der Weg von Jesus üblicherweise beim Gekreuzigten stehen. Das ist meiner Meinung nach auch kirchenpolitisch gesteuert. Wenn wir im Leid verharren, gehen wir gerne beichten, lassen uns mit Asche bestreuen und büßen – für was auch immer. Wenn wir hingegen auferstanden sind, sind wir souverän und frei.

Aus Sicht der Astrologie haben wir 2000 Jahre lang im »Zeitalter der Fische« gelebt, und das ist das Zeichen des Leidens, mit Christus am Kreuz als zentralem Leidenssymbol. Erst durch das Annehmen des Leides und das Hindurchgehen wird Befreiung und Auferstehung möglich. Dieser kreative Zugang zum Leid ist kostbar und zeitlos und die Essenz der christlichen Botschaft. Leider aber wird sie zu selten in dieser Form vermittelt. Um die Auferstehung geht es, nicht um das Verharren im Leid. Dass das Mitgefühl in der christlichen Kultur an erster Stelle steht, ist stimmig für diesen Zeitraum. Jetzt aber kommen wir in das »Zeitalter des Wassermanns«, das eine andere, freie und in sich vollständige Kommunikationsform entwickelt oder zumindest entwickeln wird; vollständig in dem Sinne, wie sich das zum Beispiel bei Partnerschaften zeigt. In den vergangenen Jahrhunderten hat man immer die Ergänzung im anderen gesucht, jetzt geht es darum, dass etwa wir Frauen unseren männlichen Anteil in uns annehmen und leben, und Männer ihren weiblichen ausdrücken lernen, und auch den Mut dazu haben.

Die Zeiten von »Ein Indianer kennt keinen Schmerz« sind damit vorbei. Jetzt geht es darum, dass auch Männer den Schmerz zulassen, und dass wir Frauen es wiederum aushalten, dass sie es zulassen.

Wenn dieser Reifeprozess, der derzeit über all die »Gender-Fragen« massiv verhandelt wird und stark in Bewegung ist, sich abschließt oder so weiterentwickelt, dass wir in uns vollständig werden, dann suchen wir nicht mehr die Ergänzung, sondern die Begegnung auf Augenhöhe. Es ist ein anderes Bewusstsein, in das wir hineingehen, und vielleicht taucht die Liebe frei von Mitgefühl jetzt auf, damit wir sie in dieser neuen Form auch an- und verwenden können, eben für eine Liebe auf Augenhöhe, und für eine Begleitung Schulter an Schulter, nicht in einem hierarchischen Gefälle, und nicht im bedürftigen Bereich.

Der Buddhismus kennt diese Art von Mitgefühl ja gut, wenn er von nicht anhaftendem Mitgefühl spricht. Das kommt meiner Auffassung von Liebe frei von Mitgefühl sehr nahe. Was mir bei den Buddhisten oft fehlt, ist die Betonung des Respekts, des Respekts vor dem Lebens- und Schicksalsweg des anderen. Es gibt im tibetischen Buddhismus eine Übung, bei der man das Leid der Welt einatmet – es in sich transformiert – und als Freude ausatmet. Auf diese Weise soll die gesamte Atmosphäre langsam gereinigt und kollektiv transformiert werden. Damit tue ich mich schwer. Ich glaube, viele von uns hier sind gefährdet, weil wir durch das Mitgefühl, wie wir es verstehen, anfällig dafür sind, dass das Leid, das wir einatmen, in und an uns kleben bleibt.

Die Tibeter hingegen haben ein nicht-anhaftendes Mitgefühl, sie können das durchatmen, weil sie es ganz selbstverständlich wieder hergeben können. Das Anhaftende ist das Entscheidende. Wir glauben ganz tief in uns, dass wir den anderen das Leid, sprich das Kreuz, abnehmen sollen, um es für sie zu tragen, nach dem Vorbild Jesu. Jesus ist der Archetyp des Christentums, und unser Bewusstsein ist konditioniert, diesem Archetyp zu folgen, selbst wenn wir der Kirche fern sind. Diese Haltung ist ein integraler Bestandteil des kollektiven christlichen Bewusstseins. Auf diese Weise verstricken wir uns in andere Schicksale, damit ist jedoch niemandem geholfen und uns selbst blockieren wir.

Es geht um die Souveränität jedes einzelnen Menschen – und diese Souveränität wird unterstützt vom tiefen Respekt der Liebe frei von Mitgefühl. Die persönliche Souveränität, das Individuelle gibt es ja im Osten und im Buddhismus in dieser Form gar nicht, bei uns aber sehr wohl. Dadurch hat es auch eine andere Bedeutung und einen anderen Stellenwert.

~

Bald nach allen diesen ersten Erkenntnissen habe ich meinen Lebensmenschen ein halbes Jahr hindurch zum Tode hin begleitet – und bin dabei immer wieder in dieses Pendeln zwischen Mitgefühl und Liebe frei von Mitgefühl geraten, weil das ja etwas ist, das man lernen muss. Man ist nicht sogleich und automatisch in dieser Liebe frei von Mitgefühl, sondern das Mitgefühl sitzt tief in uns drinnen – und hat auch seinen rechten Platz, das muss ich wieder betonen. Aber immer, wenn ich damals in das Mitgefühl gekippt bin, ist es uns beiden nicht gut gegangen. Immer, wenn ich der Liebe frei von Mitgefühl Platz gegeben habe, konnten wir – egal, wie die Situation war, auch in der Intensivstation – fast eine Heiterkeit zwischen uns aufkommen lassen.

Wenn man herzensmäßig an einen Menschen gebunden ist, der leidet und stirbt, geht man automatisch zuerst ins Mitgefühl und hat den innigen Wunsch, ihm zu helfen.

Mir ist etwas Wesentliches durch ein Aufstellungsformat klar geworden, das ich – zuerst nur für Kollegen, dann auch für Klienten – entwickelt habe, und das sieht so aus: Ein Fokus, also Stellvertreter für den Klienten, ein weiterer für den belastenden Menschen. Dazu das Mitgefühl und die Liebe frei von Mitgefühl. Auf Wunsch stellte ich oft auch das Blut dazu. Das war ja die Eingangsidee, dass wir über das Blut belastende Informationen in den Körper aufnehmen, ohne es zu wollen. Mir wurde klar, dass ich primär auf der körperlichen Ebene suchen musste. Daraus ist schließlich alles Weitere entstanden.

Bei der ersten Aufstellung mit diesem Format kam heraus und hat sich inzwischen in 99 Prozent der Fälle bestätigt, dass in der Position des Mitgefühls immer eine eigene Geschichte auftaucht. Das heißt: Entweder will ich, dass es einem anderen gut geht, damit es mir gut geht, oder die Leidenssituation eines anderen erinnert mich an eine eigene – und ich beginne, über mich selbst zu weinen. Ich bin also bei mir, wenn ich Mitgefühl habe, und zwar ausschließlich bei mir, obwohl ich sage: ich fühle mit dir. Tatsächlich fühle ich aber mit mir.

Mit der Liebe hingegen ist man beim anderen, weil man sich völlig frei und unabhängig von sich selbst bewegt. Und das ist ein Riesenvorteil, weil dann keine Verstrickung passiert, denn die passiert nur über eigene Themen.

Als ich Jochi, meinen Lebensmenschen, in seinem Kranksein begleitete, bemerkte ich schnell: Ich will, dass es ihm gut geht, weil ich sein Leiden nicht aushalte, und weil ich ihn nicht verlieren will. Und so fand ich in Zeiten, in denen ich stärker war, in denen ich an diese Liebe andocken konnte, eine Möglichkeit zu sagen: Ich bitte darum, dass in deinem Prozess, also bei dir, das geschieht, was für dich das Beste ist, und ich bitte darum, dass es auf dem leichtesten Weg geschieht. Damit gebe ich ihn völlig frei und nehme mich aus meiner Verstrickung heraus. Das ist auch ein Satz, der – wenn man Menschen auf dem Sterbeweg begleitet – hilft, den anderen freizugeben. Denn dann lassen wir uns von dem Sterbenden mitnehmen auf dem Weg, der von seinem Inneren gesteuert wird und der für ihn gerade der beste ist. Wenn er dann noch eine »Ehrenrunde« ziehen muss und noch einmal in ein Leid geht, dann gehört das wahrscheinlich zu seinem Weg dazu.

Je näher wir einem Menschen sind, desto mehr sind wir, systemisch betrachtet, Teil seines Schicksals. Das heißt, der Weg, den der andere geht, der lehrt auch uns etwas. Und wenn es nur das ist, den anderen in seinem Leid freizugeben. Wenn wir also einen Menschen begleiten, der im Sterben liegt oder einen ganz schweren, vielleicht aussichtslosen Weg geht, müssen wir wissen, dass das unser Lehrer ist. Der andere ist souverän auf seinem Weg, und seine innere Weisheit wählt die Richtung, in der er geht und gehen wird. Auch wir sind souverän und haben die Wahl, durch ihn zu lernen oder nicht.

Jochi lag auf der Intensivstation, ohne Bewusstsein. Ich saß voll Mitgefühl neben ihm und merkte, wie unsere Existenzen miteinander verschränkt, verknüpft, verkettet waren, wie wenn uns Stricke aneinander bänden. In dem Moment aber, in dem ich imstande war, in die Liebe frei von Mitgefühl hineinzugehen, hat es »wupps« gemacht, ich saß hier im Sessel, und er lag dort im Bett. Und es war frische, klare Luft im Zimmer.

Um in der Liebe frei von Mitgefühl bleiben zu können, ist es wesentlich, dass wir uns immer wieder daran erinnern, dass wir alle unterschiedslos aus derselben Quelle der Schöpfung hervorgegangen sind. In unserer Tiefe sind wir der Mensch in dem Wasserlicht und wir sind so frei nach allen Richtungen wie er. Wir sollten das mit unserem ganzen Sein begreifen und dieser Tatsache innerlich einen weiten Raum geben.

Das Öffnen innerer Räume

Gerald Schmickl: *Deinem Text habe ich entnommen, dass du in deiner Arbeit an gewisse Grenzen gestoßen bist. Kann man das so sagen?*

Christl Lieben: Nein, so habe ich es nicht empfunden. Ich habe in meinem Beruf als Psychotherapeutin eine Neuorientierung gesucht – zuerst einmal durch das Erleben, dass mein Körper die Belastungen nicht mehr mitgetragen hat, und zweitens, weil ich aus einem breiteren Horizont heraus arbeiten wollte. In meinem Leben hat sich sehr viel verändert, und diese Veränderung eröffnete mir neue Bereiche, und damit stellten sich mir neue Fragen, Fragen an das Leben. Ich war auf der Suche, wie ich diese weiteren Räume und die Fragen in meine Arbeit integrieren könnte, um sie auch meinen Klienten zugänglich zu machen. Ich wollte diese Bereiche in meiner Arbeit sichtbar und spürbar machen, sodass die Klienten mit mir in diese Räume hineingehen könnten.

Wie war es denn bis dahin?

Eigentlich schon immer so. Ich bin einfach meinen Weg gegangen – und was immer mir begegnet ist, habe ich in die Arbeit hineingetragen. Meine zunehmende Lebenserfahrung ist also in die Arbeit eingeflossen. Aber durch den Einschnitt meiner Erkrankung, der Herzrhythmusstörung, und der Schwäche, die dadurch entstanden ist, habe ich viele Fragen neu gestellt.

Kam diese Erkrankung schleichend – oder wie mit einem Schlag?

Beides. Es war schon ein Schlag, aber ich hörte dem Schlag nicht zu. Das war 2003, danach arbeitete ich gleich wieder weiter, und so kam dann ein Schlag nach dem anderen. Bis es 2007 ganz arg wurde und ein Eingriff vorgenommen werden musste. Da dachte ich mir: So weit habe ich es also kommen lassen, dass man mir jetzt im Herz herumrühren muss. So geht das nicht! Trotzdem habe ich nach einer Erholungsphase sofort wieder voll gearbeitet – einerseits aus finanziellen Gründen, andererseits, weil die Arbeit einen ja mitzieht. Für mich ist sie etwas so Spannendes und Interessantes, dass ich davon immer wieder ergriffen bin und einfach gerne arbeite. Ich habe also zu wenig auf mich geachtet und zu sehr auf meine Arbeitsbegeisterung geschaut, bis es mich dann noch einmal ordentlich hingeworfen hat, und zwar nachhaltig …

Herzerkrankungen erzeugen sehr viel Angst. Wenn der Brustkorb tobt und man einem rasenden Herzen ausgeliefert ist, hat man wahnsinnige Angst. Ich begann zögernd, in diese Angst hineinzugehen wie in einen Tunnel und machte die Erfahrung: wenn man durch diese Angst hindurchgeht, hört sie irgendwann auf, und es begegnet einem – wie das Licht am Ende eines Tunnels – eine Liebe, die scheinbar aus dem Nichts kommt. Das ist nicht nur mein Erleben, sondern ich habe es zu meiner großen Überraschung in der Predigt eines Wiener Priesters wiedergefunden und war tief berührt und glücklich, das aus dem Mund eines Repräsentanten der katholischen Kirche zu hören. Ich bewunderte seinen Mut, seinen Zuhörern diesen Ansatz zuzumuten.

Es geht also um diese Liebe, die einfach als Grundsubstanz der Schöpfung da ist, und immer, wenn man sich dafür öffnet, wie selbstverständlich in uns einfließt. Daraus habe ich dann auch ein Aufstellungs-Format entwickelt, »Angst und Liebe«, mit dem ich sehr gerne arbeite. Diese Erkenntnis, dass in der tiefsten Nacht der Angst die Liebe auftaucht, hat in mir noch einmal Räume geöffnet, sagen wir: Vertrauensräume.

In der Erkenntnis dieser Liebe und nach der Begegnung mit

dieser Erfahrung habe ich mir gewünscht, das, was bisher wie selbstverständlich vor sich gegangen ist, für meine Klienten bewusst zu formulieren. Ich begann, die »Liebe frei von Mitgefühl« zu forcieren: ich halte seit Jahren Seminare über dieses Thema, ich verwende sie in Einzelsitzungen und biete sie auch als generelle Sichtweise an. Eine Klientin ist mir in Erinnerung, die gesagt hat: »Ich will mit Ihnen arbeiten, denn Sie arbeiten mit der Liebe frei von Mitgefühl – ich habe zwar keine Ahnung, was das ist, aber es tut mir gut.«

Welche Reaktionen gab es sonst noch? »Liebe frei von Mitgefühl« klingt ja zuerst einmal provokant.

Das ist auch meine Absicht! Die Reaktionen waren unterschiedlich. Was ich interessanterweise festgestellt habe, ist, dass Frauen sie meistens sogleich intuitiv verstehen, und überhaupt nicht mit mir verhandeln, sondern einfach sagen: »Ja, das verstehe ich, das versuche ich, das ist ein neuer Aspekt für mich.« Sie haben diese Liebe angenommen und auch weitergetragen.

Männer hingegen haben begonnen, mit mir philosophisch zu diskutieren und lange Ansprachen über das Mitgefühl zu halten – und über seine Stellung in unserer Kultur. Und sie haben oft versucht, es wegzurationalisieren – warum, weiß ich nicht.

Was haben sie versucht wegzurationalisieren: Die Liebe frei von Mitgefühl?

Ja, sie haben versucht, diese Kombination wegzurationalisieren. Nur künstlerisch begabte Männer konnten es genauso spontan annehmen wie Frauen, eben weil sie intuitiv begabt sind. Es ist wirklich spannend, man könnte wohl eine Soziologie der Liebe frei von Mitgefühl entwickeln. Aber ich habe diese Diskussionen immer wieder durchgefochten. Einmal in einer Runde, da waren ein Mann und mehrere Frauen. Und dieser Mann und ich sind nicht zusammengekommen, ich war schon knapp daran, aufzugeben – ich habe mir gedacht, es ist ja egal, er muss es ja nicht annehmen, er hat halt diese Sichtweise und ich die meine. Doch dann sagte eine Frau den entscheidenden Satz zu dem Mann: »In deinem Modell fehlt einfach die Liebe!« Und damit war alles klar. Sie hat das sofort verstanden. Ganz allgemein scheint es schwer zu sein, den Begriff »Liebe« mit »frei von Mitgefühl« in Zusammenhang zu bringen. Daher wird die »Liebe« überhört, und »frei von Mitgefühl« steht allein und drohend im Raum.

Mittlerweile wird diese Kombination zunehmend verstanden und auch gesucht: jedenfalls von Klienten und Kollegen, und zu meiner Überraschung auch von Männern aus meinem Freundes- und Bekanntenkreis, die neugierig geworden sind. Ich verdanke einigen Männern, vor allem zwei Theologenfreunden, viele Anregungen und spannende Diskussionen. Einer von ihnen hat mich nicht ausgelassen, hat mich über Monate hinweg immer wieder darauf angesprochen, und auch mit anderen Leuten darüber geredet, deren Meinungen eingeholt, und dann ist er wieder gekommen und hat neue Gegenargumente mitgebracht. Wir haben immer wieder darüber diskutiert. Daher war ich gezwungen, es für ihn stets neu zu formulieren, meine Definition zu schärfen – und irgendwann konnte er es dann annehmen.

Womit tat er sich am schwersten?

Mit dem Begriff »Frei von Mitgefühl«.

Aber das ist doch interessant. Männer sind ja nicht gerade dafür berühmt, »wandelndes Mitgefühl« zu sein. Aber möglicherweise ist es so, dass sie sich Mitgefühl zumindest noch vorstellen können …

Nicht so bei meinen beiden Theologen, denn für sie ist Mitgefühl ein integraler Bestandteil ihres Berufes. Aber im Allgemeinen könntest du recht haben.

Wenn das, was man sich zumindest vorstellen kann, entfällt, und nur die Liebe übrig bleibt, scheint das manche Männer zu überfordern, damit fangen sie dann gar nichts mehr an …

… jedenfalls nicht in dieser Form …

… und so zerfällt für sie alles.

Die Idee, dass eine Liebe, die unpersönlich ist, dich wirklich packt – und zwar so, dass du damit dich selbst und andere Menschen wunderbar begleiten kannst, scheint manchen fremd zu sein. Weil dieser verzweifelte Versuch, mir das auszureden, von ganz unterschiedlichen Männern kam. Der Philosoph Matthias Varga von Kibéd war einer davon. Für ihn steht Mitgefühl an erster Stelle und ist immer noch zu wenig gelebt in dieser Welt. Amma, eine Inderin, von der ich noch erzählen werde, ist für ihn eine Frau, die Mitgefühl in die Welt bringt; für mich ist sie eine Frau, die perfekt die Liebe frei von Mitgefühl lebt.

Ganz allgemein könnte es doch so sein, dass das Apersonale dieser Liebe von vielen Menschen als zu distanziert empfunden wird. In ihrer Werteskala steht das Mitgefühl traditionell an vorderster Stelle, und daher verunsichert sie mein Ansatz.

Du sprichst das jetzt so nebenher aus. Aber es ist natürlich schon ein großer Unterschied, wenn du sagst, dass das eine apersonale Form von Liebe ist, während man mit Liebe sonst ja in erster Linie ein direktes Gegenüber verbindet. Das Mitgefühl ist sozusagen das Träger-Medium zu diesem Menschen hin. Und wenn einem das jetzt genommen wird, dann ist das vielleicht so, wie wenn einem eine Brücke weggezogen wird. Da wird für manche der Schritt zu groß, zu lang – und ist wie ein Schritt ins Nichts …

Ja, im Kern ist das die Angst vor einer Liebe, die nichts mit den üblichen zwischenmenschlichen Beziehungen zu tun hat.

Damit dürfte sich der Theologe aber wiederum nicht so schwertun.

Der hat natürlich die christliche Kultur verteidigt.

Und in der ist Mitgefühl eine Art Kerngeschäft. Wenn du ihm das wegnimmst, ist er naturgemäß nicht begeistert …

Aber wenn man – obwohl ich darin nicht sehr bewandert bin – in die Bibel schaut und dort die Christus-Texte liest, wird man nirgendwo Mitgefühl finden. Nirgends. Dafür eine Liebe, die fordert und die freigibt. »Nimm dein Bett und geh«, sagt Jesus bekanntlich zu den Leidenden.

Dieses Beispiel wäre mir auch als Erstes eingefallen.

Das Mitgefühl ist also, wie ich schon festgestellt habe, viel mehr von den Klerikern hochgejubelt worden – auch, um damit Abhängigkeiten zu erzeugen, denn Mitgefühl erzeugt Abhängigkeit, Liebe nicht.

Das Freigeben des anderen auf seinem Weg bedeutet allerdings in manchen Fällen ein Risiko, eine Unsicherheit. Kann der Mensch mit seiner Freiheit überhaupt umgehen – oder muss man ihn doch bis zu einem gewissen Grad unterstützen?

Dieses Freigeben ist für niemanden leicht. Für Männer nicht, da aber eher im beruflichen Kontext. Sie sind ans Machen gewöhnt und oft damit identifiziert. Und für Frauen auch nicht. Sie lernen das aber durch ihre Kinder. Wenn die größer werden, müssen sie sie Stück für Stück freigeben. Das ist ein Vertrauen in das Schicksal und in das Leben dieser Kinder, dass sie trotzdem getragen sind, auch wenn sie nicht dauernd behütet werden.

Wobei nicht jede Mutter diesen Schritt setzt. Ich kenne auch viele, die ihre Kinder nicht freigeben – weder früher noch später. Damit tun sich möglicherweise sogar Männer leichter ...

Da hast du sehr recht.

Wenn Mitgefühl das Kerngeschäft der Theologie ist, dann ist es natürlich erst recht ein Kerngeschäft der Psychotherapie. Zu dir als Therapeutin kommen ja in erster Linie Menschen, die in der einen oder anderen Form Hilfe oder Unterstützung benötigen. Wie lässt sich die Liebe frei von Mitgefühl in den therapeutischen Prozess integrieren?

Indem die Liebe frei von Mitgefühl eine innere Haltung ist, also kein Gefühl, und schon gar keine »Technik«. Wenn ich Klienten in dieser Haltung begleite, dann erfolgt das in einer anderen Atmosphäre, als wenn ich sie im Mitgefühl begleite: Ich rede anders, ich frage anders, ich reagiere anders. Das sind ganz feine Unterschiede. Aber sie sind offenbar wesentlich, denn in dem Moment, in dem ich mit einem Klienten arbeite, bilde ich ein System mit ihm – und die Impulse, die in mir sind, kommen automatisch bei ihm an, ob man sie jetzt benennen kann oder nicht. Und wenn ich den anderen in meiner inneren Haltung freigebe, dann nimmt sich der auch die Freiheit für sich selbst, und zwar ohne zu wissen, warum er es tut.

Meine innere Haltung bei der Arbeit ist – wie soll ich das am besten sagen? Wenn ich zu arbeiten beginne, gehe ich zu meinem Herzensgrund hinunter, ich lasse mich in meine Tiefe sinken. Und ich bin schnell dort, denn dort wohnt Vertrauen. Von meinem Herzensgrund aus spreche ich den Herzensgrund meiner Klienten an. Wenn wir uns auf dieser Ebene begegnen, dann vertraue ich auf unsere Zusammenarbeit, die aus der Tiefe getragen wird. Egal, wie die Situation ist, sei sie auch noch so katastrophal, es wird etwas Stimmiges für diesen Menschen geschehen. Das muss nicht unbedingt in dieser Stunde sein, sondern irgendwann im Laufe seines Weitergehens. Ich muss auch aushalten, wenn jemand – egal, ob ich ihn länger oder kürzer begleite – scheitert. Dann ist eben das Scheitern das Beste, was ihm passieren kann, weil es zu seiner Erfahrung gehört, und ich habe nicht das Recht, ihn davon abzuhalten. Aber ich habe die Möglichkeit, ihn auf Augenhöhe in seinem Scheitern zu sehen und ihm zu vermitteln, dass es zutiefst respektierbar ist, wenn er scheitert. Es ist eine bessere Möglichkeit, ihn im Scheitern zu respektieren und dabei zu begleiten, als wenn ich voller Mitgefühl wild rudern würde, um ihn davon abzuhalten. Das ist, glaube ich, der Unterschied. Ich gehe davon aus, dass sein inneres Wesen genau die Erfahrung des Scheiterns sucht.

Du machst in der therapeutischen Arbeit, wenn du die Liebe frei von Mitgefühl anwendest, vielleicht das Gleiche oder etwas Ähnliches wie vorher, nur in einer anderen Haltung und erzielst damit andere Effekte. Kann man das so sagen?

Na ja, ich mache nicht genau das Gleiche, denn ich reagiere in dieser Haltung ja anders: ich frage anders, ich schaue anders, ich drücke mich anders aus. Und diese veränderte Haltung löst bei meinem Klienten etwas anderes aus. Es gibt aber auch Situationen, in denen Mitgefühl mit dem Klienten zunächst einmal das einzig Richtige ist: Wenn jemand mit einem ganz schweren Thema kommt, dann ist es unglaublich gut, Mitgefühl zu zeigen, auch im therapeutischen Setting, aber nicht, indem man mitlamentiert, sondern indem der Klient an meinem Gesicht und an meiner Stimme und vielleicht an meiner Stille erkennt, dass ich davon berührt bin. Das muss sein dürfen. Da spürt dieser Mensch, dass ich mit ihm fühle. Und wenn ich dann merke, dass er das annehmen kann, und dass ihm das guttut, fange ich an, meine Strategie zu ändern und gehe in die Liebe frei von Mitgefühl. Und damit beginnt ein Prozess, der aus all dem herausführt.

Aber es ist auch manchmal so, dass Menschen, die ihre Situation schildern, in Schleifen geraten, das heißt, sie wiederholen ihr Dilemma, weil sie das so gewohnt sind – sie erzählen ihre Geschichte also immer und immer wieder. Damit rühren sie sich immer tiefer hinein –, und da hört bei mir das Mitgefühl sofort auf. Ich bin dann fast unhöflich, schneide den Prozess ab. In dem Moment, wo sich aus der ersten Schilderung eines Themas, eines Dilemmas, eines Problems eine Wiederholung ergibt, gehe ich dazwischen. Also nicht mit brutalen Mitteln, aber mit sehr klarer Stimme.

Dann ist es oft so, dass der Klient verblüfft schweigt – fast so, als würde man sehen, dass im Gehirn oder auch im Herzen dieses Menschen die »Zahnräder«, die gewohnt sind, in eine Richtung zu laufen und das Leid zu reproduzieren, sich knirschend zurückdrehen. Das ist ein wunderbarer Prozess, denn durch diese Irritation entsteht eine Öffnung – und da kann ich hinein. Wenn man nur einen Aspekt von dem, was passiert ist, anders sehen oder benennen kann, geht es auch schon wieder weiter. Das ist ein sanfter Übergang, dem oft ein Lächeln innewohnt – ein Lächeln, das in diese Liebe frei von Mitgefühl hineinführt.

In diesem Sinne ist Psychotherapie eine Begleitung und keine Behandlung. Ich glaube, das ist ein wichtiger Unterschied, denn der Behandlungsbegriff, der aus der Medizin stammt, weckt völlig falsche Erwartungen: Dass nämlich so etwas wie technologische Eingriffe möglich wären, aber die sind bei einer so feinen »Materie« ja überhaupt nicht angebracht.

Eine Behandlung erweckt die Erwartung: Herr oder Frau Therapeut, Sie lösen jetzt mein Problem. Und ich konsumiere Ihre Lösung.

Im Begleitprozess geht es hingegen – so wie ich ihn verstehe – nicht darum, dass der Klient den schwerstmöglichen Weg gehen muss, sondern es auch ein paar kleine Abkürzungen geben darf. Und diese entstehen oft schon durch eine veränderte innere Haltung.

Genau! Sonst sind wir wieder in diesem katholischen Buße-Strafe-Denken, dass schwierige Situationen nur schwierige Lösungen haben dürfen, alles andere wäre oberflächlich. Oder zu leichtfertig. Es darf aber auch leicht sein. Ich habe übrigens eine Zeit lang ein Seminar mit diesem Titel angeboten. Wenn man eine belastende Situation zu lange und zu genau anschaut, dann verstärkt sie sich noch einmal, dann ist man sozusagen im Dienst des Leidens. Besser ist, man sucht die kürzeste und die leichteste Lösung, das ist im Sinn der Liebe und der Schöpfung, die Leid-Produktion ist es nicht. Leid geschieht, das können wir nicht verhindern. Aber es geht darum, möglichst rasch hindurchzugehen. Die Erfahrungen hingegen, die wir im Leid machen, sind Geschenke und Ernte einer schwierigen Zeit. Es geht darum, sie sich bewusst zu machen und sie in das Leben zu integrieren. Im christlichen Vokabular würde das heißen: herunter vom Kreuz und in die Auferstehung hinein!

Wobei dein eigener Weg zur Liebe frei von Mitgefühl kein leichter war …

Ich bin halt noch ein Modell aus dem »Fische-Zeitalter«! Aber die schwierigen Stationen meines Lebens haben mich auch bereichert und befreit. Also ich habe auch, wenn du so willst, nach jeder Kreuzigung die Auferstehung erlebt. Gesucht und erlebt. Noch einmal: Leid ist nicht vermeidbar. Aber es ist eine Durchgangsstation. Und dann geht es in die Auferstehung. Die Liebe frei von Mitgefühl bietet die Auferstehung an.

Apropos Auferstehung: Womit hast du deinen Theologen denn letztlich überzeugt?

Ich glaube am ehesten damit, dass ich dem Mitgefühl auch einen Platz gegeben habe. Er hat ja missverstanden, dass Mitgefühl überhaupt nicht mehr sein darf. Natürlich darf und soll es sein! Aber dort, wo es hingehört, nicht überall. Das christliche Verhaftetsein im Mitgefühl sitzt uns tief in den Knochen – und es hat ja auch eine wichtige Funktion, aber eben nicht die wichtigste. Das Mitgefühl gehört zum Kreuz, die Liebe frei von Mitgefühl gehört zur Auferstehung. Allerdings auch zum Kreuz. Denn das Kreuz ist ja die Voraussetzung für die Auferstehung. Man kann übrigens auch die Kreuzigung frei von Mitgefühl anschauen. Jesus ist sehr bewusst einen Weg gegangen, den seine Seele gewählt hat. Wenn wir ihn beweinen, dann missverstehen wir diesen Weg. Ist es nicht besser, in tiefem Respekt und in Liebe mit ihm in die Auferstehung zu gehen?

Das ist freilich ein sehr hoher Anspruch ans existenzielle Verstehen, dass alles seine Voraussetzungen hat und es so kommt, wie es kommen muss. Letztlich ist es sowieso unvermeidbar, dass man die Dinge so nimmt, wie sie sind …

… aber auch ihre Botschaft findet. Das ist ein Prozess des Älterwerdens. In der ersten Lebenshälfte geht man in dem, was einem passiert, meistens unter. Und findet die Botschaft darin oft erst Jahre später. Es gibt diesen schönen Satz: »Im Rückblick werden alle Straßen gerade.« Da versteht man es dann plötzlich. Aber während man drinsteckt, versteht man es nicht.

Wie war denn das bei dir: Hast du dich selbst gefragt, warum du nicht früher auf die besondere Qualität dieser Liebe frei von Mitgefühl gekommen bist?

Ich kann nur sagen: ich war wahrscheinlich nicht reif dafür. Es hat lange gedauert, ich musste erst wirklich krank werden. Dort, wo ein Körper krank ist, dort ist er ratlos, offen, hilflos, suchend, fragend. Und das scheint die Voraussetzung dafür zu sein, dass die heilende Energie Kontakt aufnehmen kann. Die Liebe frei von Mitgefühl ist eine heilende Energie. Aber sie konnte mich erst in einer Zeit erreichen, in der ich geschwächt und ausgeliefert war. Weil dort, wo ich gesund bin, bilde ich mir ein, Antworten zu haben. Ich sage das auch an einer anderen Stelle: Man muss aufhören zu wissen. Dann erreicht uns diese Energie. Deswegen muss man keineswegs krank werden. Das ist nicht die Voraussetzung. Die Voraussetzung ist nur, keine Vorstellungen zu haben, sonst hindern wir die heilende Energie, uns zu erreichen. Aber es ist halt im Alltag sehr schwer, keine Vorstellungen zu haben.

Ist die Liebe frei von Mitgefühl auch eine Liebe frei von Vorstellung?

Du stellst wunderbare Fragen – lass mich nachdenken. Ja, sie ist frei von der Vorstellung, was bei dem anderen zu passieren hat. Natürlich. Genau das ist es. Es ist die totale Freigabe des Weges des anderen, aber auch meines Weges, als Begleiterin. Weil ich ja auch nicht plane, was ich mache. Sondern ich lasse mich von dieser Liebe und dieser inneren Haltung führen. Und die führt wunderbar.

Das heißt im therapeutischen Prozess, dass man im Vorhinein weder das Ziel noch den Weg kennt bzw. vorgibt.

Es gibt zwei verschiedene Richtungen in der Therapie: die eine ist methodenbezogen, gibt Ziele vor und arbeitet dann ihrem Denksystem entlang. Die andere ist prozessorientiert: man begleitet einen Prozess – und hat keine Ahnung, wo man dabei hinkommt. Das mache ich. Deswegen definiere ich am Anfang auch keine Ziele.

Es gibt Therapieschulen, die fragen den Klienten zu Beginn: Woran würden Sie merken, dass Ihr Problem verschwunden ist oder sich gelöst hat? Da steckt ja schon eine Zielvorgabe drin …

Diese Frage kommt aus der Schule von Steve de Shazer, dem Begründer der Kurzzeit-Therapie, und sie ist legitim. Denn nun beginnen die Menschen, ihren Ressourcenzustand zu schildern, und damit kann man arbeiten. Die Frage, die ich hingegen ablehne, lautet: Was soll das Ergebnis sein, wenn Sie hier heute hinausgehen? Diese Frage hat sehr wohl ihre Berechtigung im Organisationskontext, nicht aber in der Psychotherapie. Denn das ist eine Festlegung, und man blockiert damit tiefere Prozesse. Oft kommen aus einem Menschen, der scheinbar ahnungslos oder unbedarft neben einem sitzt, ja die tollsten Sachen heraus, mit denen man gar nicht rechnet. Wenn man alles vorstrukturiert, hat das keinen Platz.

Es geht also um die Erschaffung eines Raumes, in dem vieles möglich wird.

Ja. Man bietet einen wertfreien Raum, in dem sich der Klient frei bewegen kann.

Diesen wertoffenen, neutralen Raum erfährt man auch in der Aufstellungsarbeit. Dabei kommen die verschiedensten Qualitäten zum Vorschein und Ausdruck, die nicht sofort bewertet werden. Jede darf so sein, wie sie ist, und sich den entsprechenden Raum nehmen. So gesehen ist diese Form wohl auch der ideale Rahmen, um Liebe frei von Mitgefühl überhaupt spür- und erlebbar zu machen.

Ja, weil sie in der Aufstellung räumlich wird. Sonst ist sie ja immer nur in einer Dimension vorhanden, bewegt sich nur entlang einer Gesprächsachse. In der Aufstellung kann sie sich in mehrere Dimensionen entfalten.

Deswegen liebe ich diese Arbeit auch so. Denn es ist ein Grundbestandteil von Aufstellungen, dass sie Wertfreiheit und Raum schaffen.

Verändert sich dein Empfinden der Liebe frei von Mitgefühl dadurch noch?

Je tiefer ich in die Qualität dieser Liebe eintauche, umso größer und weiter scheint sie zu werden. Es geht mir darum, dieser Qualität im Alltag einen Platz zu geben. Einerseits im Umgang mit anderen, so ist schließlich das ganze Thema entstanden, andererseits im Umgang mit mir selbst. Wenn wir mit dieser Liebesqualität auf unser Leben schauen, dann hören wir auf, uns anzutreiben, uns kleinzumachen, mit uns zu hadern oder unser Schicksal zu beklagen. Jede Minute neu machen wir uns bewusst, dass wir den Weg, den wir gehen, wie auch immer er ausschauen mag, innerlich angenommen haben, und dass wir in der Fülle unserer Möglichkeiten stehen, ihn, im Einklang mit uns selbst, zu verändern. Oft sind äußere Gegebenheiten unverrückbar, aber immer ist es möglich, die innere Haltung dazu zu verändern. So bekommt unser Weg die Würde, die ihm zusteht. Wir sind getragen von dem Bewusstsein der Fülle in und um uns, und von der Erinnerung an das liebevolle Lächeln auf dem Grunde der Schöpfung, das wir alle von jeher kennen.

Diese Lebenshaltung sollte uns nicht nur durch Krisenzeiten begleiten, sondern uns täglich immer wieder neu bewusst sein. Erstens tut uns das gut in der Bewältigung unserer Themen, und zweitens ist diese Lebenshaltung Voraussetzung für eine befriedigende Begleitung anderer, sei es Familie, Freunde, Klienten oder Patienten.

Zerbrechliche Fragen – namenlose Schicksale

Wie ich bereits ausgeführt habe, ist mir erst durch Aufstellungen bewusst geworden, dass wir über Mitgefühl fast immer eigene Anteile ausdrücken. Man spürt schon mit dem anderen, aber dahinter steht einerseits das Bedürfnis: Es soll DIR gut gehen, damit es MIR gut geht, denn dann muss ich nicht mit dir leiden. Andererseits kommt es oft vor, dass die Probleme des anderen eigene Themen wachrufen. Und so entdecken wir, dass dieser Schmerz eigentlich uns gehört und erst in zweiter Linie dem anderen. Vielleicht, das ist eine Hypothese von mir, kommt das auch daher, weil auf sich selbst bezogen zu sein bei uns verpönt ist, und der Mensch – u.a. von der Religion – so klein gemacht wird, dass er einen Weg finden muss, um sich selbst wieder eine sinnhafte Bedeutung zu geben und sich spüren zu dürfen.

Meine Erfahrung ist, dass man Mitgefühl gelernt haben muss, um Liebe frei von Mitgefühl erleben zu können. Kollektiv gesehen bedeutet das dasselbe: eine Gesellschaft muss zuerst Mitgefühl erfahren und gelernt haben, um im nächsten Zyklus die Liebe frei von Mitgefühl leben zu können. Eine Liebe, die uns alle freigibt und ganz tief respektiert, und zwar in allen Aspekten, nicht nur in unseren Herrlichkeiten, sondern auch in unseren dunklen Seiten. Sie verurteilt nicht – diese Wertfreiheit ist ein wichtiger Punkt. Ich merke auch in meinem Privatleben, wie gut es mir tut, nicht zu werten. Durch Wertung verstrickt man sich mit dem anderen, mit seiner Person und dadurch auch mit seinem Schicksal.

Ich erinnere mich an eine Aufstellung, in welcher die Positionen »Mitgefühl« und »Liebe« in ein Konkurrenzverhältnis gekommen sind. Sie standen einander gegenüber. Da ließ ich die Liebe zum Mitgefühl sagen: »Zuerst warst du da, und dann kam ich.« Wir alle spürten sofort, das stimmt nicht. Dann ließ ich die Liebe sagen: »Zuerst war ich da, dann kamst du, und jetzt bin wieder ich da.« Das hat so gestimmt, dass wir alle eine »Gänsehaut« bekommen haben. Ich glaube also, dass diese Liebe die Ursprungsqualität ist und das Mitgefühl ein kulturelles Zwischenstadium. Es geht aber nicht darum, es abzulösen, sondern es danebenzustellen. Und selber zu wissen: Wann lasse ich welches Gefühl zu?

In Diskussionen habe ich oft gehört: »Die Liebe frei von Mitgefühl ist doch kalt.« Die unglaubliche Kraft und Schönheit dieser Liebe, wenn man sie bewusst zulässt, ist offenbar nicht in dieser klaren Form bekannt. Man kommt gar nicht auf die Idee, das Mitgefühl beiseitezustellen, um die Liebe kommen zu lassen. In diesem Prozess wird es aber sehr deutlich. Und noch etwas: Mitgefühl hat ein schweres Gewicht, die Liebe ist leicht – und sie lächelt. Es ist immer ein Lächeln dabei und eine Heiterkeit. Das ist für mich ein Hinweis, dass die Grundqualität dieser Liebe Heiterkeit ist. Und dass der Grund der Schöpfung aus Heiterkeit besteht. Dass wir das selten erfahren, liegt an uns – und unseren zu engen Wahrnehmungsmöglichkeiten. Aber im Grunde ist es eine liebende Heiterkeit, aus der alles erwächst.

Das erleben auch Menschen mit schweren Schicksalen so. Ich erinnere mich an eine Klientin, die eine heftige Krebsdiagnose hatte. Ich habe zuerst selbstverständlich mein Mitgefühl gezeigt und sie auch aus der Haltung des Mitgefühls heraus reden lassen. Bevor sie noch in die üblichen Schleifen des Selbstmitleids hineingeraten konnte, fragte ich sie mit einem Lächeln: »Was ist das Geschenk, das Ihnen Ihr Krebs bisher gemacht hat?« In diesem Moment liefen die »Zahnräder« in ihrem Kopf in die andere Richtung, und diese Frau hat gelächelt. Mitten in ihrer traumatischen Schilderung und aus ihren Ängsten heraus begann sie zu lächeln. Und sie konnte das Geschenk sofort benennen. Dieses Lächeln ist also immer ganz nah.

~

Sobald man auf das Urteilen verzichten kann und das Leben wertfrei betrachtet, befindet man sich automatisch auf der Ebene der Ganzheit, wo es keine Dualität mehr gibt. Also im einheitlichen, im ganzheitlichen Raum. Das ist eine völlig andere Ebene. Von da aus gesehen, schauen auch die entsetzlichsten Katastrophen anders aus. Wobei man unendlich behutsam damit sein muss, wann man aus dem Bewusstsein der einen Ebene und wann man aus dem Bewusstsein der anderen Ebene spricht.

Wenn wir konsequent den Grundgedanken weiterführen, dass alles sein darf, alles seinen Platz und seinen tiefen Sinn hat, und dass alles geborgen ist in der Schöpfung, und sogar von der Schöpfung bejaht ist, dann müsste man konsequenterweise sagen, dass etwa auch Geschehnisse wie der Holocaust unter diesen Gesichtspunkt fallen. Aber allein, wenn ich das sage, gibt es mir schon einen Stich in der Magengrube. Denn wer bin ich, dass ich so etwas sagen kann?! Es ist aufgrund unserer Verstrickung in diese Geschichte nicht möglich, man fühlt sich schlecht dabei, denn man berührt ein Tabu.

Bei der Begleitung von schweren Schicksalsschlägen ist es ganz wichtig, zuerst das Mitgefühl zu spüren und auszudrücken und in weiterer Folge dann überzuleiten zur Liebe frei von Mitgefühl. Auf den Holocaust bezogen, sind wir noch tief in der Phase des Mitgefühls und damit auf der dualen Ebene. Und es ist ganz offen, wann es angebracht ist, diese Schrecknisse frei von Mitgefühl und mit großer Liebe zu betrachten. Wir haben zum jetzigen Zeitpunkt noch nicht die Möglichkeit, das in irgendeiner Weise an- oder auszusprechen. Wir werden diese Zeit nie verstehen können, aber vielleicht wird diese Wunde irgendwann einmal vernarben und für das menschliche Bewusstsein integrierbar werden.

Schauen wir uns im Gegensatz dazu ein anderes Beispiel an: irgendwo in China bebt die Erde, und es kommen dabei Tausende Menschen um. Dann kann es einem passieren, dass man diese Nachricht liest, kurz betroffen ist und weiterblättert. Was ist der Grund für dieses Verhalten? Ist es nur die räumliche Entfernung? Oder ist es auch der Unwille, bewusstseinsmäßig weitab liegendes Unheil in unser Leben hereinzulassen, dass wir den Schritt ins Mitgefühl nicht vollziehen? Der Holocaust hingegen hat vor unseren Türen stattgefunden, und seine Spuren begegnen uns fortwährend, wenn man gewillt ist hinzuschauen. Da sieht man – oder ich sehe es an mir, anderen geht's vielleicht anders –, wie relativ und selektiv Mitgefühl ist.

In Familienaufstellungen ist dieses schwierige Thema ja auch sehr oft präsent, weil es durch familiäre Verstrickungen immer wieder hochkommt. Ich erinnere mich an die Aufstellung einer jungen Frau, die eine jüdische Mutter und einen christlichen Vater hatte. Sie erzählte, dass der christliche Vater aus einer Nazi-

Familie stammte und dass er die Nazi-Haltung seiner Ahnen damit gutmachen wollte, dass er eine Jüdin geheiratet hat. Das war vielleicht nicht der allerbeste Gedanke, weil die Tochter zwischen diesen beiden Kulturen zerrissen wurde – und zwar fundamental. Sie war von den Ängsten beider Seiten verfolgt. In der Arbeit stellten wir dann Repräsentanten für die junge Frau, für Vater und Mutter auf, und dann habe ich noch das Judentum und das Nazitum dazugestellt. Eine Lehrmeinung geht davon aus, dass die Versöhnung zwischen diesen beiden Lagern nur dann stattfinden kann, wenn die Juden den Nazis verzeihen. Das lehne ich ab. Ich habe durch andere Aufstellungen, wo schwere Schuld involviert war, gelernt, dass das Einzige, was die Tat mildert oder integrierbar macht, ist, wenn der Täter sich selbst verzeiht. Meine Erfahrung ist, dass es bei schweren Taten nichts nützt, wenn die Verzeihung von außen kommt, denn der Täter bleibt im Bewusstsein der Schuld, und sie blockiert ihn. Da löst sich durch äußeres Verzeihen gar nichts.

Ich habe also in die Aufstellung diese beiden »Kulturen« hineingenommen – und auch noch die Kraft der Vergebung dazugestellt. Die Repräsentantin des Judentums – die anscheinend den Ansatz der Lehrmeinung kannte – hat die Vergebung sogleich auf sich bezogen und einen unglaublichen Satz gesagt: »Wir haben schon so viel erlebt, wir werden auch das noch können: verzeihen.«

Das hat mich zwar sehr berührt, trotzdem sagte ich: Nein! Und habe die »Kraft der Vergebung« neben die Nazis gestellt. Der Repräsentant der Nazis stand bis dahin wie versteinert, bockig und nicht ansprechbar da. Als ich ihm die »Kraft der Vergebung« ganz nahe hinstellte, wurde es plötzlich ganz still, und dann brach dieser arme Mensch, also der Repräsentant des Nazitums, in sich zusammen, fiel zu Boden und hat unendlich geschluchzt. Die Starre war weg, und das ganze Entsetzen über die eigene Tat ist herausgekommen.

Was dann passierte, war, dass das Judentum von selber näher gekommen ist und sich dazugestellt hat. Ich habe das Judentum – das ist eine Idee von Bert Hellinger – sich neben den liegenden Nazi legen lassen, in derselben Haltung. Da entstand dann eine Affinität zwischen den beiden, eine tiefe Verbundenheit, im Sinne von: wir haben ein gemeinsames Schicksal, und wir sind gemeinsam durch diese schrecklichen Erfahrungen gegangen. Damit waren wir im wertfreien Raum. Und in diesem Raum ist Begegnung möglich.

Für mich war das eine Initialzündung. Ich habe über Jahre hinweg – auch in Berlin, wo ich oft gearbeitet habe und wo die Nazi-Vergangenheit anders präsent ist als bei uns in Österreich – mehrfach solche Schicksale aufgestellt, und ich habe es immer wieder erlebt, dass aus dieser Haltung heraus aus dem ursprünglichen Gegensatz eine tiefe Liebe und Verbundenheit entstanden ist.

Diese Erfahrung bringt mich auch bei dem Holocaust-Thema auf die andere Ebene, nicht als Feststellung, aber als Frage. Was ist das Schicksal dieser Menschengruppen, der Nazis und der Juden, was ist ihr gemeinsames Schicksal, was ihr gemeinsamer Auftrag, was ihr gemeinsamer Lernprozess? Worin besteht ihre tiefe Zusammengehörigkeit? Ich habe darauf keine Antworten, nur diese Fragen, die aus den Erfahrungen resultierten, die ich bei diesem Aufstellungsformat immer wieder machte. Die Liebe zwischen den Repräsentanten, die diese beiden Menschengruppen verkörperten, ist überwältigend, für das ganze System, aber auch für mich, als Begleiterin. Die Aufstellungen sind an dieser Stelle auch immer zu Ende, denn das ist die Lösung.

~

Zur generellen Frage nach Gut und Böse, und dass alles seinen Platz haben darf, kenne ich eine schöne alte Lehrgeschichte. Es kommt ein Mann zu einem taoistischen Meister und fragt ihn über das Leben aus, und der Meister gibt ihm Antworten. An einer Stelle fragt der Mann: »Was ist mit Verbrechen, was ist mit Mord?« Darauf sagt der Meister: »Der Mörder darf morden. Die Polizei darf ihn fangen. Der Richter darf ihn verurteilen. Und der Henker darf ihn hängen.«

In dieser Geschichte werden beide Ebenen deutlich, das duale und das nicht-duale Bewusstsein. Ich erzähle sie oft in meinen Seminaren, weil sie so schön drastisch und weil sie so wahr ist. Auf der dualen Ebene ist die Konsequenz einer Tat klar und unausweichlich. Auf der ganzheitlichen Ebene hat alles, was geschieht, seinen Platz und darf sein.

Ein Beispiel aus dem christlichen Kulturkreis ist Judas. Er war einer der Lieblingsjünger von Jesus, er hat ihn verraten und damit ans Kreuz geliefert. Auf der dualen Bewusstseinsebene war das Beihilfe zum Mord. Auf der ganzheitlichen hat Judas das Schicksal möglich gemacht, das Jesus gesucht und längst in sich getragen hat. Judas hat den unerträglichen Schmerz, an Jesus schuldig geworden zu sein, auf sich genommen und ihm damit den Weg geöffnet. Er braucht nicht unser Mitgefühl, das würde ihn klein machen, aber er braucht unsere Liebe und unseren tiefen Respekt vor dem Mut seiner Seele, die diesen Weg bejaht hat und ihn gegangen ist.

Noch eindringlicher habe ich dieses Phänomen bei einer Frau namens Amma erlebt. Matthias Varga von Kibéd hat mir zugeredet, ihn einmal zu dieser Frau zu begleiten. Amma ist eine Inderin, die, soviel ich weiß, seit ihrer Jugend – jetzt ist sie über 60 – um die Welt reist und Menschen umarmt. Das macht sie auf Spendenbasis, und auf diese Weise kommt viel Geld zusammen. Sie behält dieses Geld aber nicht für sich, sondern gründet damit Spitäler, Schulen und Heime in Indien.

Ihre Seminare, oder wie immer man ihre Auftritte nennen mag, werden von Tausenden von Menschen besucht. Ich sah sie in einer riesigen Fabrikhalle in München. Hinten auf einer Bühne spielte ein indisches Orchester, und davor saß Amma auf einem Sessel. Die Menschen in dieser Halle benahmen sich ganz ungezwungen. Sie aßen, sie schliefen, die Kinder spielten, die Hunde liefen herum. Es durfte alles sein, wie auf einem Dorfplatz.

Wenn man sich einreiht, um von ihr umarmt zu werden, sitzt man im Meditationssitz und rückt in Zweier-Reihen immer weiter nach vorne. Man sitzt ein bis zwei Stunden, bis man drankommt. Das bündelt und zentriert. Beim Näherrücken habe ich mir Amma angeschaut – sie sieht ganz »normal« aus, mit einem warmherzigen indischen Gesicht –, und ich habe mir in meiner üblichen Skepsis gedacht: Was für ein Aufwand! Wozu ist es notwendig, von dieser netten Frau umarmt zu werden?

Ich mag solche Dinge an sich nicht, diese Guru-Geschichten.

Dann kam ich zur Umarmung dran. Man kniet dabei vor ihr, nimmt sie um die Mitte, und sie nimmt dich von oben und wiegt dich ein bisschen hin und her. Ich war unbeeindruckt. Da hat mich halt eine Frau gehalten. Dann dachte ich: jetzt schaue ich sie mir von der Nähe an, hob also den Kopf und schaute ihr ins Gesicht – und da blickte ich in die ruhigen, sachlichen Augen einer Frau, die ihre Arbeit macht. Sie hätte auch Kartoffeln schälen können, sie war völlig frei von Mitgefühl. Sie war einfach nur da in ihrer klaren, nüchternen Präsenz.

Ich bin weggegangen und dachte mir: gut, nett, aber was soll's. Am nächsten Tag – das Ganze hatte drei Tage gedauert – war ich wieder dort, und nachdem ich meine »Pflicht« vorne schon erledigt hatte, setzte ich mich weiter nach hinten und sah mir einfach die Szene an – und was Amma macht. Es sind sehr unterschiedliche Leute zu ihr gekommen: Kranke, Schwache, Menschen im Rollstuhl, Schluchzende, Neugierige, Alte und Junge. Alles kunterbunt gemischt. Sie hat jeden in den Arm genommen, unterschiedslos, das beeindruckte mich sehr. Dann schaute sie in der Halle herum, einfach so, weil sie gerade Pause hatte. Sie sah mich dabei nicht direkt an – ihr Blick erfasste uns alle –, aber plötzlich flog ein silberner Funke von ihr zu mir, direkt in meine Stirn. In dem Moment habe ich diese Wertfreiheit in ihrer ganzen umfassenden Bedeutung verstanden und bis in mein Innerstes erlebt. Es war, als würde der Himmel aufgehen. Ich begriff, dass alles sein darf, genau so, wie es ist. Natürlich kann ich etwas ändern, aber zuerst geht es darum, alles anzunehmen, wie es ist. Alles ist geliebt und akzeptiert. Diese Erkenntnis habe ich diesem Augenblick zu verdanken. Sie hat meine Arbeit ganz tief geprägt und mein Leben verändert. Es war ein wichtiger früher Kontakt zur Liebe frei von Mitgefühl, die in dieser Frau personifiziert ist. Amma war und ist eine der wichtigsten Begegnungen in meinem Leben.

Frei von Anhaftung

Gerald Schmickl: *Zu deiner – im wortwörtlichen Sinne – berührenden Geschichte von Amma fällt mir die serbische Performance-Künstlerin Marina Abramovic ein, die im Rahmen eines Kunstprojekts im Museum of Modern Art (MoMA) in New York saß, und zwar wochenlang. Sie saß dort auf einem Stuhl, und alle halbe Stunde saß ihr jemand anderer gegenüber. Und die schauten sich nur an.*

Christl Lieben: Eine halbe Stunde lang?

Ja, sie schauten sich nur an, ohne jegliche sonstige Kommunikation, und dabei tat sich auch Unglaubliches. Die Frau war an und für sich regungslos, es war also nicht so, dass sie zwinkerte oder irgendwie sonst reagierte, wobei die Leute das natürlich schon immer wieder taten …

Die meisten schluchzten wahrscheinlich …

Ja, das war die hauptsächliche Reaktion, dass die Leute zu weinen begannen. In einem Fall war's allerdings umgekehrt. Da saß ihr nämlich ihr Ex-Mann gegenüber …

Und dann hat sie geweint?

Ja, es sind ihr einfach still die Tränen runtergelaufen …

Das berührt mich sehr.

Kommen wir zu dem von dir in dem Text angesprochenen Thema »Alles darf sein, alles hat seinen Platz«. Bei allem sogenannten Guten wird das ja sofort bereitwillig angenommen, entscheidend wird es aber beim sogenannten Bösen, da fällt die Annahme viel schwerer. Andererseits wissen wir, dass jede dieser Eigenschaften auch ihr Gegenteil braucht, sonst würden wir sie gar nicht voneinander unterscheiden können. Wenn wir die großen Fragen bemühen, wie etwa Völkerschicksale, dann darf zwar einerseits Versöhnung sein, aber andererseits auch Unversöhnlichkeit. Auch die muss ihren Platz haben dürfen.

Absolut!

Denn es geht ja oft weiter. Selbst Leute, die ihre Urteilsfreiheit sehr weit entwickelt haben, kommen irgendwann an einen Punkt, und damit an den Grundwiderspruch, dass sie ihre Urteilsfreiheit selbst in Frage stellen. Dann beißt sich die Katze in den Schwanz, und alles beginnt sich aufzulösen …

Nein – es sind wirklich zwei Ebenen. Man muss sie nur klar zuordnen: Natürlich darf auf der dualen Ebene geurteilt werden, wenn jemand eine Schweinerei begangen hat. Auf der nondualen Ebene darf alles sein. Es darf auch meine Wut sein, mein Hass, meine Trauer, auch meine Mordlust ... Wir leben und erleben auf der dualen Ebene, und statt uns da zu verurteilen, geht es darum, uns in unseren Handlungen und Reaktionen wirklich zu akzeptieren. In diesem Augenblick beginnen wir, die Liebe zu spüren, die aus der ganzheitlichen Ebene kommt. Es ist die Liebe zu uns und zu all dem, was ist. Das heißt nicht, dass wir uns nicht korrigieren und weiterentwickeln – aber immer vor dem Hintergrundverständnis dieser ganzheitlichen Sicht. Das für mich Erstrebenswerte ist, beide Ebenen sooft es geht gleichzeitig präsent zu haben.

Wenn man alles nur noch annehmen würde, völlig unterschiedslos und urteilsfrei, hörte sich Leben in der gewohnten Form eigentlich auf. Dann ist man dort, wo alle spirituellen und meditativen Traditionen hinwollen, in der völlig urteilsfreien Beobachterrolle, im reinen Gewahrsein.

Das reine Gewahrsein, ja. Aber da musst du erst einmal hinkommen.

Aber hört sich dann nicht alles Sein auf?

Das Sein nicht, denn das Sein wird klarer im reinen Gewahrsein, und aus diesem Gewahrsein verändert sich die Lebensbewegung.

Wir kommen aus der Dualität doch nicht wirklich heraus. Wir können allenfalls das Bewusstsein haben, dass es eine zweite Ebene gibt, auf der sich alle Gegensätze auflösen.

Man kann auch innerhalb allen Geschehens den Sprung auf die non-duale Ebene machen, und damit schaut das Geschehen schon wieder anders aus.

Damit komme ich zu einem ganz wesentlichen Punkt: Die Liebe frei von Mitgefühl muss man sich auch selbst geben! Die eigenen Dramen bekommen ein völlig anderes Gesicht, wenn man sich selber frei von Mitgefühl betrachtet; auch wenn man im tiefsten Elend steckt oder etwas Furchtbares angestellt hat, oder wenn man sehr krank ist. In dem Moment, wo man auf die Ebene frei von Mitgefühl zu sich selber geht, wird jedes Thema klarer, heller und leichter – und bewältigbarer. Wenn man hingegen Mitgefühl mit sich hat, ist das Thema oft kaum zu meistern.

Die ganzheitliche Ebene bringt uns auf Distanz zu uns selbst, und zwar auf eine gesunde Distanz. Der emotionale Überbau wird abgeräumt, das ganze »Gerümpel« weggeschafft. Dann stehen die klaren Tatsachen vor uns, und die sind überraschenderweise weniger tragisch als man geglaubt hat. Aber nur, weil der emotionale Überbau weg ist.

Von Selbst-Mitgefühl spricht man ja eigentlich selten. Eher von Selbst-Mitleid. Und dieses fällt einem bevorzugt bei anderen auf, meistens negativ, weil Menschen, die starkes Selbst-Mitleid entwickeln, oft unangenehm sind. Die gehen einem schnell auf die Nerven. Während Menschen, die eine klare, sachliche, oft nüchterne Beziehung zu sich selbst haben, viel angenehmer wirken. Aber es ist nochmals eine andere Sache, das auf sich selbst zu übertragen.

Ja, natürlich. Diejenigen, die im Selbst-Mitleid schwimmen, haben keinen Kontakt zu sich. Jene aber, die sich frei von Mitgefühl betrachten können, sind sich selbst viel näher. Weil sie eben nicht durch die Wolken der Emotionalität hindurchmüssen. Das erleichtert den klaren Bezug zu sich selbst.

Hat das auch etwas mit dem Lebensalter zu tun, oder ist es davon unabhängig?

Ich glaube, das hat mit dem Alter zu tun. Allein diese Dinge zu unterscheiden und die Erfahrungen zu machen, braucht Zeit. Ich bin halt ein Spätzünder, vielleicht machen andere das mit 40 und sind dort, wo ich jetzt mit 77 bin, aber ich glaube schon, dass eine gewisse Lebensreife dafür notwendig ist. Auch die Erfahrung, wie man durch Krisen hindurchgeht, und wie andere durch Krisen hindurchgehen, spielt eine Rolle.

Das führt mich zu der Frage, ob Liebe frei von Mitgefühl auch etwas ist, was vielleicht erst ab einem gewissen Lebensalter, mit einer gewissen Lebensreife, möglich ist?

Mir fallen auch ganz junge Menschen ein, die das sofort verstehen. Es gibt »Naturbegabungen« auf diesem Gebiet. Meine Enkelin ist so eine. Die ist von klein auf völlig frei von Mitgefühl. Sie hat ein unbestechliches Hirn und ein großes Herz, aber sie ist so überraschend für uns alle, die wir gern in Sentimentalitäten schwelgen. Sie ist glasklar und manchmal brutal in dem, was sie sagt, aber dafür trifft sie es auf den Punkt. Die kann das, sie ist so eine »Naturbegabung«. Und ich kenne auch noch zwei andere junge Frauen, die das sofort verstanden haben. Die erinnern immer ihre Mutter: Hallo, da gibt's die Liebe frei von Mitgefühl!

Möglich ist, dass sie Repräsentanten einer anderen Generation sind, die schon in die neue Zeit hineinfühlen können und nicht mehr diesen Ballast des übertriebenen Mitgefühls mitschleppen müssen. Ich denke auch an eine wunderbare Freundin, eigentlich eine Seelenschwester, die Schauspielerin und Dekanin an einer deutschen Schauspielschule ist. Ich habe mit Schülern aus ihren Lehrgängen jeweils im ersten Jahr gearbeitet, um ihnen durch Aufstellungen das Rollenverständnis und den Kontakt zu sich selber näherzubringen. Das war ein bunter Haufen von extrem begabten jungen Leuten, mit zum Teil schweren Schicksalen, etwa Flüchtlingsschicksalen. Davon ist viel an meine Ohren gedrungen, und ich habe meine Freundin gefragt: »Kümmert ihr euch eigentlich um diese Schicksale? Das sind doch fast noch Kinder, hört ihnen denn keiner zu?« Mein Mitgefühl war sofort da. Meine Freundin hingegen war völlig frei von Mitgefühl und hat gesagt: »Nein, das muss alles über die Rollen gelebt, gelernt und integriert werden.« Sie ist unglaublich konsequent in diesen Dingen, da gibt's kein Wanken und kein Schwanken – und die Studenten lieben sie! Unglaublich.

Vorigen Sommer saßen wir beisammen, und sie erzählte mir, dass sie unheilbar krank ist. Sie hat mehrere Operationen hinter sich und ist mittlerweile »aufgegeben«. Sie erzählte mir das ohne jedes Mitgefühl für sich selbst. Das war für mich ein eindrückliches Erlebnis und half mir, klar und nüchtern darauf zu reagieren. So haben wir uns beide über diese schmerzliche Situation gerettet, es hat uns, glaube ich, wahnsinnig wehgetan, aber die Situation war trotzdem gefasst und gehalten von dieser Liebe frei von Mitgefühl zwischen uns.

Mir ist vorhin aufgefallen, dass du bei deiner Enkelin ihr großes Herz betont hast. Ich kenne auch Menschen, die völlig nüchtern sind, aber die wirken oft eher herzlos …

… ja, denen fehlt die Liebe …

…genau. Die haben zwar kein Mitgefühl, aber auch keine Liebe. Und wirken daher eindimensional, und das kann wohl nicht die angestrebte Lösung sein. Ich glaube, dass viele,

wenn sie »frei von Mitgefühl« hören, eher an solche Menschen denken.

Völlig richtig. Die sind Musterbeispiele dafür, wie es NICHT sein soll. Diese Menschen sind OHNE Mitgefühl.

Frei von Mitgefühl zu sein bedeutet eigentlich, dass man wissen muss, wovon man sich befreit. Aber ist das wirklich so? Man kann ja auch frei davon sein, wenn man es gar nicht kennt. Dann hat man eben kein Mitgefühl, weil man gar nicht weiß, was das ist.

Das »frei von Mitgefühl« darf nie von dem Begriff der Liebe getrennt werden. Nur in dieser Verbindung ist es das, was ich meine. Denn die Liebe nimmt sich den Raum, den das Mitgefühl freigegeben hat.

In den von dir geschilderten persönlichen Beispielen schwingt mit, dass das eine große Gabe ist, eine Form von Reife und Reichtum, nicht Armut oder ein Defizit.

Ein Reichtum, ja.

Wobei sich auf diese Weise selbst zu bereichern wohl tatsächlich der schwierigste Weg ist.

Sicher. Ich habe auch eine Zeit lang gebraucht, bis ich darauf gekommen bin und diese Haltung gelernt habe.

Sich selbst entkommt man letztlich nicht …

Mit dem Mitgefühl und dessen emotionalem Überbau verstricken wir uns in die eigenen Schicksale, aber wenn wir die Liebe frei von Mitgefühl auf uns selber anwenden, SIND wir in unserem Schicksal, sind aber nicht verstrickt. Wir sind drinnen, aber wir gehen nicht verloren.

»Verstrickt sein« heißt, dass man selbst nichts mehr tun kann ...

... dass man so verwoben ist, dass man keine Distanz und keinerlei Abstand zu sich hat, und keine Perspektive.

»Drinnen zu sein« heißt also, grundsätzlich Möglichkeiten zu haben, Alternativen.

Ja. Es gibt einen schönen Spruch. Es wird ja immer gefragt: Darf man denn reich sein, darf man es gut haben, oder muss man in Schlappen gehen und aus Reisschalen essen und so weiter. Der Spruch lautet: Man darf alles, wenn man »in der Welt« ist, aber nicht »von der Welt«. »In der Welt sein« heißt, präsent zu sein, »von der Welt« bedeutet anzuhaften. Du bist also mittendrin, auch in deinem Leben, aber du verlierst nicht die Perspektive. Du erlebst es, aber du BIST es nicht.

Da haben wir es wieder: frei von Anhaftung!

Ja. Dieses Erleben von etwas, ohne es zu sein, rettet einen in schwierigen Situationen. Das ändert alles schlagartig.

»Alles Walzer!« – Der Tanz von Geist und Körper

Von der amerikanischen Autorin und spirituellen Lehrerin Marianne Williamson stammt ein Satz, der in die Geschichte eingehen sollte und fälschlicher Weise Nelson Mandela zugeschrieben wird. Sie sagt: »Unsere tiefste Angst ist nicht, dass wir nicht genügen. Unsere tiefste Angst ist, dass wir unermesslich mächtig sind. Und es ist unser Licht, das wir fürchten, nicht unsere Dunkelheit.«

Das waren für mich Worte, die wie eine Bombe einschlugen. Mir ist dieser Gedanke deswegen so wichtig, weil er mich selber sehr betrifft. Ich bin zu einer Zeit auf diesen Text gestoßen, als ich begann, die Vorstellung zuzulassen, dass auch ich göttlichen Ursprungs bin. Bei anderen kann man sich das ja sehr gut vorstellen, aber bei einem selbst ist das sehr schwierig. Diese Vorstellung, dass auch ich göttlichen Ursprungs bin, hatte für mich sehr rasch eine große Konsequenz – mir wurde die Anforderung bewusst. Wenn ich mich wirklich auf meinen Wesensgrund, also auf den göttlichen Kern in mir beziehe und diese Verbindung zu halten versuche, ändert sich sehr viel in meinem Leben. Das hat Konsequenzen im Verhalten, im Denken, im Fühlen, und damit im ganzen Leben. Das macht zuerst einmal Angst. Dieses »Alle anderen sind göttlich, aber ich nicht« hat wohl mit dieser Angst zu tun. Es ist unbequem, den Gedanken an die eigene Göttlichkeit in sich zuzulassen. Wo bringt mich das hin? Wer werde ich dann, was muss ich dann anders machen, nimmt es mich aus meinem Leben heraus, werde ich mir selber fremd?

Ich glaube, das ist die Angst, die Marianne Williamson anspricht: Werde ich mir fremd? Wer bin ich dann? Und von wo kommt dieses Licht, das ich in mir habe? Es ist wesentlich bequemer, seine eigenen »Schweinereien« zu bedauern, aber dabeizubleiben. Ganz vordergründig: so ist es halt, ich bin auch nur Mensch. Das ist einfacher als der Auftrag, dieses Licht in sich als göttlichen Wesensgrund zu erkennen und sich immer mehr darauf zu beziehen. Am Anfang gibt es ein Schwanken und Wanken, weil man das immer wieder vergisst. Oder weil man denkt: Was ich mir da schon wieder eingeredet habe mit dem göttlichen Urgrund! Man verwirft es kurzzeitig, dann kommt es wieder. Es ist ein Prozess, bis man lernt, dieser Seite in sich einen Raum zu geben. Es hat lange gedauert, bis ich gelernt habe, dass ich nichts anderes tun muss, als mich diesem Licht anzuvertrauen und mich von ihm führen zu lassen. Nicht ich muss tun, sondern es geschieht in mir.

Daher habe ich mich in diesem Zitat erkannt gefühlt. Und das bringt mich zu Karlfried Graf Dürckheim, der mein Lehrer war. Er war Psychologe und Zen-Meister und hat dieses bemerkenswerte Buch »Vom doppelten Ursprung des Menschen« geschrieben. Damit meint er, dass wir einerseits aus dem Geist, andererseits aus der Materie geboren sind. Und dass es unsere Aufgabe ist, diese beiden Ebenen zusammenzubringen und zu integrieren.

Auch von Erich Neumann, einem C-.G.-Jung-Schüler, gibt es einen wichtigen Artikel über diese Integration. Er meint darin, dass es jetzt an der Zeit sei, den »Heiligen Geist der Erde« in uns entstehen zu lassen, so hat er das genannt; die Durchlichtung der Materie durch den Geist. Das geht in dieselbe Richtung wie bei Dürckheim.

Was ich zunehmend spüre, ist der Auftrag in uns, Geist und Materie so zusammenzubringen, dass sie eins werden. Ich habe mir das immer so vorgestellt: Gott ist allgegenwärtig, aber nicht fassbar und benennbar; die Schöpfung ist schon benennbar, also konkreter. Gott ist gestaltlos und namenlos, Christus hat Gestalt angenommen, und in ihm verbindet sich der Geist mit der Materie. Er ist in unserem Kulturkreis der Archetyp der Integration. Die Transformation von dem Namenlosen und Gestaltlosen hin zur Verdichtung und Gestaltwerdung innerhalb der Materie ist ein fließender Prozess. Und wenn wir den »Heiligen Geist der Erde« in uns verwirklichen, gibt es keinen Bruch; der Bruch ist künstlich und, meiner Meinung nach, durch das Verdammen des Weiblichen und der Materie entstanden, und durch das Hochjubeln des Geistes, des Männlichen. Das ist eine Fehlentwicklung, die lange Zeit hindurch unter anderem auch von der katholischen Kirche gefördert wurde und immer noch in ihrer Tradition verankert ist.

Es war schon immer der Sinn unserer Existenz, diese Verbindung herzustellen, aber jetzt sind wir an einem Punkt angelangt, an dem es uns wieder bewusst wird. Die Tatsache des göttlichen Kerns in uns, die durch die Integration von Geist und Materie lebendig wird, ist meines Erachtens die wesentlichste Voraussetzung, um die Liebe frei von Mitgefühl leben zu können.

~

Die vielen Meditationsformen, die aus dem Osten kommen, sind alle Instrumentarien, um diese Integration zu erreichen. Wenn man in einer harten Kirchenbank kniet und friert, weil es in der Kirche kalt ist, tut man sich schwer, Körper und Geist zusammenzuführen, das geht nicht. In den östlichen Meditationsformen findet der ganze Prozess innerhalb des Körpers statt; sie haben das Ziel, den Körper für den Geist zu öffnen – und das ist ein ganz anderer Weg.

Es geht darum, dass auch die Freude des Körpers und damit auch die Sexualität ihren Platz bekommen. Im Wiener Stephansdom, im Rahmen einer »Langen Nacht der Kirchen«, habe ich einmal eine norddeutsche evangelische Bischöfin gehört, die über die Schönheit der Sexualität gesprochen hat. Das war großartig. Sie war eine schöne, lebendige Frau, und sie hat wunderbar gesprochen – und das inmitten der Stephanskirche.

Die körperliche Liebe ist kostbar, denn auch im sexuellen Akt finden Geist und Körper zusammen, wenn der sexuelle Akt erfüllt ist. Es geht darum, diese Spaltung in uns aufzulösen, die über die Tradition, in der wir aufgewachsen sind, verfestigt wurde, und unseren Körper in einer ganz anderen Weise zu ehren. Wir »powern« ihn aus, wir misshandeln ihn, wir verwenden den Geist, um den Körper zu tyrannisieren. Stattdessen sollte der Geist sich dem Körper von Zeit zu Zeit beugen und diesen immer wieder einmal die Führung übernehmen lassen. In diesem Zusammenhang bin ich dem Körper-Wissen begegnet. Der Körper ist unglaublich weise. Er hat ein Zellgedächtnis, in welchem über Generationen zurückgehend Informationen gespeichert werden, weshalb wir Themen vergangener Zeiten in unserem Körper austragen. Es ist mir ganz wichtig, dieses Wissen des Körpers in unser Gesamtbewusstsein aufzunehmen, weil es den Körper und seine »Stimme« anders achten lässt und ihm die ihm zustehende Würde gibt. Es geht nicht darum, einen sportlichen und schönen Körper zu haben, sondern einen bewussten Körper.

Mein Idealbild ist, dass sich der Geist und der Körper voreinander verbeugen, sich die Hand geben und miteinander tanzen. Ich selbst bin längst nicht dort. Jetzt langsam, nachdem mich das Leben oft genug gemahnt hat, komme ich allmählich dorthin, erst jetzt im Alter. Ich schaue vielen Leuten zu, die zwischen 45 und 60 sind, die genau dieses Leben führen, das ich geführt habe: Der Geist beherrscht den Körper, und mit dem Geist überfliegen wir die Materie. Aber wir lassen sie zurück, wir lassen sie allein, wir schleppen sie hinter uns her. Und das ist nicht, worum es geht.

Das Erstaunliche ist: Wenn wir uns mit dem Körper auseinandersetzen, in Liebe zu ihm, in Achtung, dann kommt uns auch ein Wissen zu, das ein spirituelles Wissen ist, weil sich Spiritualität durch den Körper ausdrücken kann. Wenn das zusammenschwingt, dann entsteht so etwas wie eine Ganzheit in uns und die Dualität ist aufgehoben.

Leider gibt es in allen Traditionen Wege, die über die Peinigung des Körpers gehen, also diese ganzen asketischen Übungen, die ja auch das Christentum kennt. Die Selbstgeißelung ist für mich eine entsetzliche Entgleisung. Ich glaube, dass sich der Körper in der Not der Überforderung zurück- und zusammenzieht, was zum Ziel hat, den Geist zu befreien. Allerdings: ohne oder mit einem gequälten Körper hat der Geist keine Möglichkeit, hier auf Erden etwas umzusetzen oder Erfahrungen zu machen. Das wird oft vergessen.

Das Überschreiten der Grenzen der Materie führt in andere Bewusstseinszustände. Ist es jedoch notwendig, den Körper so zu überfordern, um dahin zu gelangen? Müssen wir die Materie überwinden, damit der Geist frei wird? Ich habe die Fantasie, es könnte irgendwann einmal auch leichte und liebevolle Wege geben.

Einige gibt es ja jetzt schon, wie zum Beispiel Qigong, Tai Chi und selbstverständlich unterschiedliche Meditationsformen. Ich erinnere mich an die intensiven Meditationszeiten mit meinen beiden Lehrern: der eine war Nagaya Roshi, ein Japaner, der andere Pater Hugo Enomiya-Lassalle, ein deutscher Jesuit, der auch Zen-Meister war. Ich saß oft 14 Tage lang, habe zwei »Sesshins« hintereinander gemacht, immer noch mehr und mehr … Und dann sagte mir Pater Lassalle etwas sehr Gescheites: »Machen Sie das nicht mehr. Es geht nicht um Übertreibung – es geht um das richtige Maß.« Damit hatte er völlig recht. Das ist auch im Zen verankert. Im Zen gibt es einen bestimmten Sitz, der vielleicht am Anfang unbequem ist, mit der Zeit kommt man aber darauf, dass es die einzige Haltung ist, in der man lange und ruhig sitzen kann. Der Körper wird in diesem Sitz nicht gepeinigt, er wird konditioniert. Das heißt, es gibt ein natürliches Maß, das man dem Körper zumuten kann, damit er bereit ist, den Geist aufzunehmen. Ich glaube, das ist es. Da ist jede Übertreibung zu viel. Man spürt das auch.

~

Es gibt verschiedene Formen des Zen, eine davon ist der »Rinzai-Zen«. Da sitzt man mit offenen Augen der Mitte zugewandt. Der Blick ist dabei auf den Boden gerichtet. Von einem Rinzai-Meister lernt man, wie wichtig es ist, die Augen offenzuhalten, denn es geht darum, in der Außenwelt und in der Innenwelt gleichzeitig präsent zu sein. Im Yoga werden die Augen geschlossen, und es wird mehr mit inneren Bildern gearbeitet, dadurch entsteht ein Trance-Effekt, der im Zen durch den regelmäßigen Atem bis zu einem gewissen Grad auch gegeben ist. Die eigentliche Schulung besteht aber in diesem Im-Leben-Stehen und dem gleichzeitigen Bei-sich-Sein.

Von den westlichen Heiltraditionen habe ich mit Feldenkrais die besten Erfahrungen gemacht. Ich glaube, dass das eine Lern- und Heilmethode für das neue Zeitalter ist, weil sie eben nicht – wie so viele andere Methoden – über Leiderfahrung funktioniert, sondern über Leichtigkeit und Freude. Meine Erfahrung mit Feldenkrais ist, dass man nur Bewegungen macht, die dem Körper wohltun. Man macht sie möglichst langsam und nur solange es angenehm ist; dann geht man in die Gegenbewegung. Auf diese Weise werden im Gehirn unterbrochene Verbindungen wiederhergestellt. Das heißt, man rekonstruiert mit dieser Arbeit sein Gehirn. Es werden dadurch neurologische Bahnen gelegt. Das macht jedes Baby, es ist ein natürlicher Prozess. Moshé Feldenkrais, der Begründer der Methode, hat von den Babys gelernt.

Ich kenne einen Mann, der durch eine Krankheit fast blind wurde – und das mit 40 Jahren. Er hatte begonnen, Feldenkrais zu lernen, weil ihm jemand sagte, dass ihm das guttäte. Schließlich ist er Feldenkrais-Lehrer geworden und hat eine spezielle Methode für die Augen entwickelt, mit der er unglaublicherweise wieder sehend wurde! Wir haben uns angefreundet, in einer kleinen Gruppe gemeinsam geforscht und mit Baby-Bewegungen experimentiert. Sehr rasch sind uns allen die Tränen gekommen. In dem Moment wurden wir von unseren Geburtstraumata berührt, ohne sie zu erkennen. Das heißt, durch diese Bewegungen werden ganz frühe Erfahrungen zugänglich gemacht, die man mit kaum einer anderen Methode findet. Anschließend stellten wir diese Bewegungen auf, dadurch wurde deutlich, was uns zum Weinen gebracht hatte.

Durch kleine, feine Körperimpulse kommen wir unserer Seele ganz nahe, unserer Geschichte und unseren Lösungsmöglichkeiten. Die sanfte, rücksichtsvolle Art, mit dem Körper umzugehen, geht so tief, dass man nach einer Feldenkrais-Stunde das Gefühl hat, als habe man intensiv meditiert. Unser Körper hat meditiert, unser Geist hat meditiert, und beides hat zusammengewirkt. Das ist für mich ein neuer Weg. Er muss nicht mehr mit harten Methoden erzwungen werden. Es ist das sanfte Licht, das in unser Bewusstsein hineinstrahlt.

Geist und Körper im Dialog

Gerald Schmickl: *Du hast im vorangegangenen Text viel von Übungen und Meditationen erzählt. Könnte es mit der Liebe frei von Mitgefühl nicht ähnlich sein, dass man ein Übungsformat braucht, damit man sich an diese Haltung gewöhnt?*

Christl Lieben: Du meinst, dass Meditation ein Teil bei der Erarbeitung dieser Haltung sein könnte? Also mir hat's geholfen. Aber ich glaube, andere Leute können das auch ohne. Die zwei Menschen, die ich genannt habe, meine Freundin aus Deutschland und meine Enkelin, meditieren nicht. Und sie haben diese Haltung trotzdem, weil sie ihrem Wesen entspricht.

Trotzdem tun sich die meisten mit diesem ersten Schritt in die Liebe frei von Mitgefühl hinein schwer. Sie brauchen dafür eine Anleitung. Und es gibt ja eine Übung, die du in Seminaren gerne machen lässt, um den Unterschied zwischen Mitgefühl und Liebe frei von Mitgefühl einmal zu spüren. Mit dieser Übung kann man sich, wie ich finde, gut an das Gefühl des Unterschieds herantasten. (Sie finden diese Übung am Ende dieses Kapitels.)

Ja, damit spürt man, was es mit einem macht und wie sich alles verändert, wenn man von der Haltung des Mitgefühls in die Haltung der Liebe frei von Mitgefühl wechselt. Und allmählich wird einem diese Haltung vertraut. So wie in dem halben Jahr, in dem ich meinen Lebensmenschen begleitet habe, als ich dauernd hin- und hergekippt bin und gemerkt habe, wie schwer es mir fällt. Wie es dann aber immer mehr ein Teil von mir wurde, habe ich gesehen, was es in mir erzeugt, und habe zutiefst begriffen: In der Trauer ist es hilfreich, auch sich selbst liebevoll, aber frei von Mitgefühl zu betrachten. Weil man merkt: Man beweint sich selbst, nicht den anderen. Der geht ins Licht, ist frei von seiner Krankheit und seinen Qualen – aber ich beweine mich. Weil ich ihn verloren habe. Ich meine mich mit meinen Tränen, nicht den Toten.

Da könnte man sagen: Das darf auch sein – aber man sollte sich dessen wohl bewusst sein.

Es hilft, wenn man sich's bewusst macht. Natürlich darf es sein, und man schluchzt sich die Augen wund, aber wenn ich mich dann wieder fragte: Wen beweine ich jetzt?, sind die Räder meines Bewusstseins wieder in die andere Richtung gelaufen und ich konnte mich aufrichten, und plötzlich war alles um mich herum heller. Das ist wirklich ein großartiger Effekt.

Du sprichst in diesem Zusammenhang auch gerne von einem »gebundenen« und von einem »freien Bewusstsein«. Hat das nicht auch mit Dürckheims »Doppeltem Ursprung« zu tun?

Die Idee vom gebundenen und vom freien Bewusstsein ist in mir selbst durch Beobachtung entstanden. Ich habe früher sehr viele Familienaufstellungen gemacht, und immer wieder kamen in den aufgestellten Familien Schwerstbehinderte oder Komapatienten vor. Ich hatte Scheu, Repräsentanten für diese Rollen zu wählen, weil ich dachte, das kann für sie zu schwer werden. Zu meiner Verblüffung hatte ich aber bemerkt, dass sich diese Repräsentanten strahlend gefühlt haben. Sie sagten, dass ihr Leben für sie genau so stimmt, und dass sie darum bäten, man soll sich keine Gedanken und keine Sorgen machen, es ginge ihnen gut, denn sie hätten die Sinnhaftigkeit ihres Schicksals erkannt. Darüber hinaus zeigte sich, dass sie sehr oft über die Schicksale der anderen Familienmitglieder Bescheid wussten, aus einem ganzheitlichen Bewusstsein heraus. Nachdem sich das wiederholte, begann ich, in mir die Theorie zu entwickeln, dass der Körper bei diesen schweren Krankheiten und Behinderungen sein Bewusstsein einschränkt, zusammenzieht, weil es ja auch keine Bewegungs- und Erfahrungsfreiheit gibt. Dadurch scheint der Geist freier zu werden. Körper und Geist, die normalerweise in sich verflochten sind und im ständigen Spiel miteinander agieren, scheinen sich im Fall einer sehr schweren Krankheit weitgehend voneinander zu lösen. Nicht ganz natürlich, sonst würden diese Menschen nicht mehr leben. Aber dadurch, dass die geistige Ebene sich aus dem Körperbewusstsein löst, steht sie mit ihrem Wissen viel ganzheitlicher und klarer zur Verfügung.

Ich begann dann, mit Schwerstbehinderten direkt zu arbeiten, um herauszufinden, ob meine Theorie von einem freien und einem gebundenen Bewusstsein therapeutisch einsetzbar ist. Ich begleitete sie eineinhalb Jahre. Vornehmlich arbeitete ich mit einer Frau, die – spastisch gelähmt – im Rollstuhl saß. Sie konnte die Ellbogen nicht vom Körper wegbewegen, die Hände waren ganz in sich verkrampft, und sie konnte kaum reden, nur nicken und »ja« und »nein« sagen – und »geht«. Wenn man sie fragte, wie es ihr ginge, sagte sie: »Na ja, geht.« Sie war entzückend. Ich habe sie heiß geliebt. Sie hatte so einen Charme gehabt. Gleich zu Beginn unserer gemeinsamen Arbeit setzte ich mich ihr gegenüber, schaute sie an und dabei wie durch sie hindurch, auf ihre freie geistige Ebene, die in meiner Vorstellung hinter ihr stand. Und ich habe versucht, dieses Licht hinter ihr mit meiner Aufmerksamkeit in ihren Körper hineinzuziehen, mit Hilfe meiner Augen. Ich beschrieb ihr genau, was ich mache. Und ich fragte sie, ob ihr das recht sei. Ich habe ihr also gesagt, ich arbeite jetzt mit deinem anderen Bewusstsein, und du wirst sehen, das wird gehen. Sie hat genickt und gelacht.

Ich erzielte erstaunliche Erfolge bei ihr. Leider sind ihre Fortschritte mit der Zeit wieder vergangen, nachdem ich meine Arbeit in dieser Gruppe beendet habe. Man hätte dranbleiben müssen. Aber meine Theorie sah ich bestätigt. Dass man sehr wohl mit dem freien Bewusstsein von schwerst belasteten oder behinderten Menschen kommunizieren kann und dass das einen Einfluss auf sie hat.

Ein Kind mit Down-Syndrom beispielsweise, mit dem ich seit einiger Zeit auch auf diese Weise spreche –, will seitdem ununterbrochen mit mir reden. Weil es wahrscheinlich spürt, dass ich ihm etwas zugänglich mache, was zu ihm gehört. Und es sagt die unglaublichsten Dinge. Ich glaube also, dass das eine Methode ist, diesen Menschen zu helfen, indem man sie ihr freies Potenzial ahnen lässt. Eigentlich ist es eine Möglichkeit, jedem Menschen zu helfen. Ich setze dieses freie Bewusstsein vorwiegend bei sehr Kranken ein, um den Heilungsweg durch eine andere Bewusstwerdung zu unterstützen – oder bei Klienten, die in großer Verwirrung zu mir kommen. Aber auch bei Menschen, die über ihre gegenwärtige Lebenssituation einfach Bescheid wissen wollen. Dieser Ansatz bringt sie mit ihrer eigenen Weisheit in Kontakt, und sie erfahren, was sie an ihrer Situation ändern könnten.

Es stimmt schon, es ist ein Derivat oder eine Konsequenz aus Dürckheims »Doppeltem Ursprung«. Dürckheim spricht davon, dass wir einerseits aus dem Geist und andererseits über unsere Körperlichkeit aus der Materie geboren sind. Das nennt er den »Doppelten Ursprung«. Dadurch, dass sich die Sichtweise des freien und des gebundenen Bewusstseins aus der Aufstellungsarbeit entwickelte, nahm es in mir einen anderen Weg. Ich begriff im Zuge der praktischen Arbeit die Gesetzmäßigkeit von freiem und gebundenem Bewusstsein, und dadurch hat sich das ganze Gedankengebäude verselbständigt und scheinbar von der Ursprungstheorie getrennt. Aber im Grunde ist es dasselbe.

Ich habe es so verstanden, dass das gebundene Bewusstsein an die Materie gebunden ist.

Ja, das ist ein Materiebewusstsein, man kann es auch das duale Bewusstsein nennen, im Unterschied zum ganzheitlichen Bewusstsein des Geistes.

Und das freie Bewusstsein ist geistig ungebunden, und diese beiden Bewusstseinsformen brauchen eine Vermittlung.

Ja, die brauchen in bestimmten Fällen eine Vermittlung: im Fall einer schweren Erkrankung, einer verwirrenden Lebenssituation, wenn Klienten mit dem Wunsch kommen, sich eine bestimmte Lebenssituation aus der Perspektive dieser beiden Bewusstseinskomplexe anzuschauen oder diese beiden Ebenen nicht nur irgendwie zu leben, sondern bewusst zu integrieren. Ein Wunsch nach Entwicklung also. Normalerweise geben wir uns keine Rechenschaft darüber und leben die beiden Ebenen ganz natürlich in ihrem unterschiedlichen Zusammenspiel. Erst durch die künstliche Trennung in der Aufstellung können wir das Wesen des gebundenen und des freien Bewusstseins isoliert erfahren. Da kann man viel lernen und auch ändern.

Sehr oft ist es so, dass das geistige Bewusstsein alles besser weiß, und das Körperbewusstsein steht verachtet im Winkel, wird nicht gefragt, ist ausgeschlossen und gekränkt. Diese Trennung scheint eine Art von Fehlhaltung zu sein, die im kollektiven Bewusstsein gespeichert ist und über Familien- und religiöse Glaubenssätze weitergegeben wird. Es wird also noch eine Zeit lang dauern, bis diese Körperverachtung und -abspaltung überwunden ist.

Wobei es auch eine Geistesverachtung gibt. Auch die ist bei uns recht ausgeprägt.

Wo begegnet sie dir?

Zum Beispiel in diversen Seminaren, in denen es dann heißt, man solle sich ganz auf sein Bauchgefühl verlassen, man sei viel zu sehr im Kopf. Das hört man in alternativen oder New-Age-Kreisen sehr oft.

Das ist die nächste Fehlentwicklung.

Wie etwa diese »Mutter Gaia«-Bewegung, die nur auf unser Erdgefühl vertrauen und jegliche Rationalität überwinden will. Der amerikanische Bewusstseinsforscher Ken Wilber weist meiner Meinung nach zu Recht darauf hin, dass wer die Rationalität überwinden will, meistens hinter ihr zurückbleibt, und zwar in einer Prä-Rationalität, statt in eine Trans-Rationalität zu gelangen. Diese prä-rationalen Richtungen verleiten gerne dazu, dass man das Kind in sich spüren solle. Vorübergehend kann das ganz gut sein, wenn etwas nachzuholen ist, auch diesen Impuls in sich wieder zu spüren, aber es kann nicht das Endziel sein. Es muss in die andere Richtung gehen, darum muss man zuerst einmal in die erwachsene Rationalität hinein, bevor man – das wäre der Sinn aller Weisheitstraditionen – über sie hinauswächst. Das geht aber nicht, wenn man den Geist verachtet.

Stimmt, das führt nirgendwohin.

Daher gehören, wie du gesagt hast, die beiden Bewusstseinsebenen vereint und integriert. Denn wenn man ganz im Körper ist und den Geist draußen lässt, kommt es in der Aufstellung umgekehrt: dann steht das Geistesbewusstsein verachtet in der Ecke.

Es ist sehr wichtig, dass du diese Fehlentwicklungen ansprichst. Wenn manche Leute ewig meditieren und spüren, dass sich ihre Grenzen auflösen, gehen sie ins ozeanische Bewusstsein und halten das für das Ganzheitsbewusstsein. In Wirklichkeit ist es aber die Bewegung zurück in den Mutterbauch. Und es macht künstliche Embryos aus ihnen. Furchtbar. Diese Menschen bleiben chronisch in ihrem Lebensdilemma verhaftet. Meditation muss das äußere Leben sinnvoll verändern, sonst wird sie zu einer Sackgasse oder einem Fluchtmodus.

Da gibt es jede Menge Irrwege, die man zum Teil wahrscheinlich auch erfahren muss; das kann man im Vorhinein nicht immer so genau sagen, wo der richtige und wo der falsche Weg ist, das sind Erfahrungen.

Ja, das sind Erfahrungswege, die jeder selbst gehen muss. Und aus der Anhäufung von Erfahrung heraus kann mit der Zeit Erfahrungswissen werden.

Für dich ist Meditation ein solcher Erfahrungsweg.

Das Tolle ist, dass der Körper den Geist in der Meditation spiegelt. Das erlebt man am deutlichsten, wenn man tagelang in einem Meditationsseminar unter Anleitung eines Meisters sitzt. Du schaust zwar mit einem zurückgenommenen Körper auf den Geist, aber gleichzeitig reagiert dieser Körper auf deine Stolpereien im Geist. Ich kann das immer wieder nur von der Zen-Meditation sagen, weil das meine einzige Erfahrung ist. Dabei beobachtest du deinen Atem, und das ergibt einen leichten Trance-Effekt. Du wirst vom Atem geführt. Es können dabei Geschichten aus deinem Leben hochkommen. Dann hast du Schmerzen da, Schmerzen dort, wirst müde, traurig oder nervös. Das ist ganz normal und gehört dazu. Der Körper ist Teil des ganzen Prozesses. Gleichzeitig aber ist er Gefäß deines Prozesses und als dieses Gefäß gleich viel wert wie der Geist, der sich in diesem Gefäß bewegt. Das muss man immer wieder sagen. Es ist beides. Wenn man durch diese ganzen Blockaden für dieses Mal durch ist (das nächste Mal geht der »Zirkus« garantiert weiter), sitzt man federleicht. Das ist wunderbar. Man befindet sich dann in einem respektvollen Dauer-Dialog mit seinem Körper. Geist und Körper reden beziehungsweise schweigen miteinander. So soll es sein.

Übung zum Thema »Liebe frei von Mitgefühl«

Diese Übung dient dazu, Menschen, die mit anderen Menschen arbeiten, also Begleiter von Aufstellungen, Berater, Therapeuten etc., die Haltung der »Liebe frei von Mitgefühl« zu vermitteln und ihre Wirksamkeit spüren zu lassen. Aber auch im Umgang mit eigenen Problemen und Belastungen kann diese Übung hilfreich sein.

Die Anleitung lautet:
»Schließe die Augen, spüre, wie du sitzt, spüre deine Füße auf dem Boden, wie du deine Arme und Hände hältst und lasse deinen Atem kommen und gehen. Jetzt lasse vor deinen inneren Augen einen Menschen aus deinem Leben auftauchen, dessen Schicksal dich sehr beschäftigt und vielleicht auch schmerzt. Möglicherweise versuchst du diesem Menschen immer wieder zu helfen. Gib ihm all dein Mitgefühl. Und spüre, wie es dir selbst dabei geht. Vielleicht kannst du auch erkennen, was dein Gegenüber für einen Gesichtsausdruck hat.
Jetzt atme dein Mitgefühl aus – mit einem tiefen Atemzug, aber bleibe innerlich mit diesem Menschen verbunden. Und nun schaue ihn an mit weitem Herzen – du bist einfach da mit deinem Herzen, das offen ist, und du schaust ihn an, voller Respekt vor ihm und seinem Schicksal, und mit der Gewissheit, dass er alles in sich trägt, um mit seinem Schicksal umgehen zu können. Sieh ihn in der Fülle seiner Möglichkeiten ... und jetzt beobachte, was sich ändert – in dir, in deinem Körper und in deinem Kontakt zu dem anderen, und beob-

achte, was sich bei ihm ändert. Spüre, ob dein inneres Bild von diesem Menschen sich wandelt, und lasse in dir Ideen auftauchen, wie du in Zukunft mit ihm kommunizieren willst.
Dasselbe kannst du auch mit dir selbst versuchen. Hole dir ein eigenes Problem heran und überlege, wie du bisher mit diesem Problem umgegangen bist. Dann gib dir selbst alles Mitgefühl, das du in diesem Augenblick zur Verfügung hast, und beobachte, wie du dich dabei fühlst. Anschließend atme dein Mitgefühl für dich selbst aus und öffne in aller Ruhe und Stille dein Herz für dich in dieser Situation. Nimm dich selbst in der Fülle deiner Möglichkeiten wahr und gib dir allen Respekt. Beobachte, was sich in dir ändert im Unterschied zu vorhin, auch wie dein Körper darauf reagiert, und lasse Ideen entstehen, wie du in Zukunft anders mit diesem Thema umgehen wirst.«

2. Die Anfängliche Gestalt und Die Liebe, die mich wollte

Protokoll einer Suche nach ganzheitlicher Heilung, die im Dezember 2012 begann und noch längst nicht zu Ende ist.

Die Anfängliche Gestalt

Ich versuche einem Begriff, der langsam in mir heraufdämmert, näher zu kommen. In der Zen-Kultur heißt Sesshin (so werden Tage der konzentrierten Zen-Meditation genannt) »mit dem anfänglichen Herzen sitzen«. Der Raum im Becken zwischen Nabel und Schambein heißt »Kikai Tanden« – das Zentrum, das Feld vor der Gestaltwerdung.

»Das Anfängliche Herz«, »das Feld vor der Gestaltwerdung«: alle diese Begriffe, die für mich bisher nur spannende Worte waren, beginnen plötzlich zu leben und öffnen mir einen neuen und unbekannten Raum. Ich nehme sie mit in meine Meditation und irgendwann, ich weiß nicht wann und wie, ist sie als Begriff da:

»Die Anfängliche Gestalt«.

Die Ideen-Gestalt, aus der ich entstanden bin.

Ich bin auf der Suche nach unserem Anfang. Es geht mir darum, zurückzufinden zu unserem ursprünglichen Entwurf. Aber es ist mehr als ein Entwurf, es ist unsere Blaupause. Wenn auch dieses Wort sehr technisch ist, so kommt es meiner Vorstellung doch am nächsten. Es muss im geistigen Raum ein sehr genaues Abbild von uns geben, das aus einem schöpferischen Impuls der universellen Liebe heraus entstanden ist. Wie kommen wir mit unserem Bewusstsein in die Nähe unserer Blaupause?

Aristoteles kommt mir zu Hilfe. Er spricht von der »causa finalis«, einem fertigen Zielzustand, der den Weg zum Ziel bestimmt. Das ist eine Möglichkeit der Betrachtung. Demnach zeigt uns das in unserem Unbewussten ruhende Wissen um unsere Anfängliche Gestalt den Weg zu ihr.

Je mehr ich mich darauf einstelle, je mehr habe ich den Eindruck, dass die Anfängliche Gestalt das Abbild unserer Möglichkeiten ist, und nicht das Abbild dessen, was wir aus unseren Möglichkeiten machen. Sie ist unsere Potenzialität.

Ich versuche, der Anfänglichen Gestalt einen Platz im Universum zu geben. Könnte sie die Schnittstelle zwischen dem geistigen Raum und unserer persönlichen Materie, also unserem Körper sein? In ihr muss das Wissen um unser Heilsein, um unsere Ganzheit ruhen. Dieses Wissen ist schon präsent, bevor wir ins Leben eintreten, das mit der Zeugung beginnt. Ich suche nach dem Ansatz einer ganzheitlichen Heilung – ich frage mich, wie sehr dieses Wissen für uns verfügbar ist. Wenn ich in der Meditation glaube, der Anfänglichen Gestalt näherzukommen, dann öffnet sich ein weiter, unauslotbarer Raum, mit dem ich noch nicht umgehen kann.

Ich kleide das Thema der Anfänglichen Gestalt sehr bald in ein Aufstellungs-Format und teste es mit meiner wunderbaren Experimentiergruppe. Das ist für mich der schnellste und sicherste Weg, emotionale und mentale Informationen zu meinen Ideen zu bekommen. Die Ergebnisse sind sehr berührend und gehen tief – dennoch weiß ich weiterhin nichts über die Anfängliche Gestalt.

Gleichzeitig kann ich es nicht lassen, dem Anfänglichen in meinen Vorstellungen immer mehr Gestalt zu geben. (Woher kommen die Bilder in mir?) Mir scheint wieder etwas klar zu werden:

Dort, wo ich als meine Anfängliche Gestalt entstehe, bin ich eine unverletzbare und unzerstörbare Idee der Schöpfung, entstanden aus der Liebe, die mich wollte, die mich meint. In diesem Bewusstseinsraum bin ich ganz Geist und weiß aber gleichzeitig um meine Verstofflichung.

Weiß ich auch um mein Schicksal? Um meinen Weg? Um die Art und Weise, wie ich meinen Weg gehen werde? Wer bin ich in diesem Raum meines Bewusstseins, das noch im universellen Bewusstsein ruht und dennoch schon JA zu meinem Weg in der Materie gesagt hat? Hat es einen Augenblick des Entschlusses zu mir selbst gegeben? Wenn ja, wozu habe ich JA gesagt? Wie sehr bin ich diesem JA auf meinem Weg treu geblieben?

Ich werde es vermutlich nie erfahren, ich habe mein Leben gelebt, so gut ich konnte, und lebe es immer noch. Jetzt beschäftigt mich eine andere Frage: Wie komme ich wieder dorthin, wo ich begonnen habe? Um Platons »Höhlengleichnis« zu bemühen: Ich habe es satt, immer nur meinen Schatten an der Wand der Höhle zu betrachten. Das ist vorbei. Jetzt bin ich bereit, meine Fesseln zu lösen, aufzustehen, mich umzudrehen und durch den Eingang der Höhle ins Licht hinauszugehen. In diesem Licht, aus dem ich einst entstanden bin, werde ich meine wahre Realität zu ahnen beginnen ... das ist meine Hoffnung. In dieser wahren Realität wartet meine Ganzheit auf mich, mein Heilsein. Ich denke, dass ich, so wie alle Menschen, die den Impulsen des Lebens folgen, mehr oder weniger diesen Umkehrprozess längst begonnen habe. Jetzt aber nehme ich den Weg sehr viel bewusster auf, weil das Thema der Heilung und Ganzheit mit neuer Klarheit vor mir steht.

~

Es wird mir immer deutlicher, ich bin nicht nur um meine geistige Entwicklung bemüht, ich bin sehr wesentlich und auch ganz konkret auf der Suche nach Heilung für Herz und Augen.

Die Zunft der Heiler ist so alt wie die Menschheit. Sie verbinden uns mit unserer eigenen, uns innewohnenden Heiler-Instanz, wenn sie gut sind.

Diese Art von Heilern ist aber selten. Hingegen begegne ich immer wieder heilenden Menschen, die gar nicht wissen, wie heilend sie sind, und deren Anwesenheit alleine genügt, damit manches wie von selbst zu heilen beginnt.

Wir alle tragen unsere Heiler in uns, und vielleicht ist jetzt die Zeit gekommen, dass wir uns dieser inneren Heilkraft zunehmend bewusst werden. Ich habe von Menschen gehört, die aus sich selbst heraus heilten. Was ist in diesen Menschen geschehen? Wie haben sie das zustande gebracht? Wahrscheinlich haben sie vertraut.

Ich vertraue meinem Leben, aber vertraue ich auch einer Möglichkeit zu heilen? Kann ich an Wunder glauben? Ich, ein so skeptischer Mensch. Ja, ich kann an Wunder glauben; aber kann ich auch an Wunder glauben, die an und mit mir geschehen? Da schaut die Sache schon ganz anders aus. Mein Herz hat mich durch unkontrollierbare Pulsschläge in eine nie gekannte Enge getrieben, ich habe über mein Herz die Kontrolle verloren. Meinen Augen kann ich auch nicht mehr vertrauen.

In der Zen-Meditation, meiner geistigen Heimat, gibt es die Sentenz »tief verwurzelt im Bodenlosen«. Immer wieder ist in meinem Leben der Boden unter mir verschwunden, weggebrochen, und immer wieder habe ich aufs Neue die Erfahrung gemacht, in der Bodenlosigkeit aus immer größeren Tiefen getragen zu sein.

Anders ist es, wenn mich der Körper scheinbar verlässt,

wenn er in meinem Brustkorb seine eigenen Spiele spielt und wenn mir die Augen Dinge zeigen, die es nicht gibt, und mich die Dinge, die es gibt, immer weniger sehen lassen.

In solchen Augenblicken wird Bodenlosigkeit zu einer neuen Realität – aber wo bleibt die Verwurzelung, die bisher immer wieder möglich zu sein schien?

Ich beginne zu suchen, Angst und Ratlosigkeit werden meine Wegweiser. Könnte der Kontakt zu meiner Anfänglichen Gestalt für mich ein Weg der Heilung sein? Das scheint mir der direkteste und logischste Weg. Trage ich die Erinnerung an mein Heilsein nicht in mir? Wie komme ich an diese Erinnerung und was könnte geschehen, wenn ich mit der Information meines Heilseins Kontakt bekomme? Mein Heil-Sein im weitesten Sinn, aber vielleicht auch in einem engeren, körperlichen Sinn? Ich weiß, dass ich dieses Thema freigeben muss. Ich nehme mir vor, die Heilung, wie auch immer sie geschehen könnte, aus ganzem Herzen anzunehmen.

~

Ich bin täglich mit meiner Anfänglichen Gestalt beschäftigt, und sehr allmählich dämmert mir, dass ich sie nicht suchen kann. Ich kann mich ihr nur öffnen, oder vielleicht klarer gesagt: Ich kann mich nur der Sehnsucht nach ihr öffnen, aber in der wachsenden Gewissheit ihrer Wirklichkeit. Ich muss mich nicht »hinarbeiten«, ich muss mir nur erlauben, sie in mir zuzulassen – ich werde mich von ihr finden lassen.

Seit Kurzem bin ich wie von einem blauen Mantel umflossen, wenn ich mich auf die Anfängliche Gestalt einstelle. Er sieht aus wie der Mantel von Madonnen-Darstellungen und fließt über Kopf, Rücken und den Seiten an mir herunter. Louise, eine Freundin, sagt: »Na klar, das ist das Universum, das dich umgibt. Das habe ich schon als Kind gewusst und immer in den blauen Mantel Sterne gemalt.« Wunderbar, das kann ich sofort annehmen. Ich war nämlich ziemlich irritiert, denn mit Madonnen-Darstellungen habe ich eigentlich nichts zu tun. Aber mittlerweile glaube ich, dass die meisten Heiligenbilder Energieformen darstellen – und nicht die Mode zur Zeit von Jesus. Also kann ich mit diesem blauen Mantel gut leben, vor allem, weil er mir eine warme, innige Geborgenheit gibt. Ich lehne mich ins Universum – und das Universum kommt mir entgegen und umfängt mich.

In weiterer Folge erlebe ich ein weiß-strahlendes Licht, das durch meine Herzrückwand in meinen Körper eintritt. Ich kann es überall hinlenken, wo ich es gerade brauche. Das muss ein heilendes Licht sein. Es tut mir immer sehr gut. Was für eine seltsame innere Reise habe ich angetreten ...

Ein intensiver Schritt in meine Tiefe entsteht dann, wenn ich mir selbst verzeihe, was immer ich mir übel genommen habe in meinem Leben, und den Menschen verzeihe, die mir wehgetan haben. Das ist eine Sache von einer Minute, nicht mehr. Es ist eine pauschale Verzeihung, keine einzige »Untat« muss erinnert werden. Ich habe das von einem Heilsystem aus Hawaii erfahren, aber bisher nie angewendet. Es hat eine mächtige Wirkung, vor allem die Selbstverzeihung. Ich jedenfalls scheine bis zu einem gewissen Grad zu anhaftenden Schuldgefühlen zu neigen. Kleinigkeiten oft nur ... aber doch. Jedenfalls bringt mich diese Selbstverzeihung schlagartig dem »Universum« näher.

~

In einem Gespräch mit Louise erkenne ich etwas. Ich fragte mich, warum der Kontakt zu dem »anderen Raum« aus meinem Rücken entsteht und warum meine Herzrückwand dabei eine so große Rolle spielt. Meine Herzrückwand, aus der so viel Ungemach entsteht. Es ist mir ja immer wieder so, als würde mir dort das Leben ausrinnen. Das ist anders seit meiner Erkenntnis: Vielleicht könnte man meine Herzrückwand als meine »Lebenswunde« bezeichnen. Warum ist gerade meine Lebenswunde so empfänglich, um nicht zu sagen eine Andockstelle für heilende Energien geworden? Ich vermute, dass in den Wunden das Wissen um die Brüchigkeit des Lebens ruht. Gesunde Körperregionen »denken« nicht nach, für die ist alles selbstverständlich. Wunden sind auf der Suche, hilflos und ratlos. Genau das aber scheint die Voraussetzung für Veränderung zu sein. Und plötzlich verstehe ich etwas über Jesus. Zumindest bilde ich mir ein, etwas zu verstehen. Seine Wunden und der Stich in sein Herz mussten sein, damit der Mensch Jesus sich seiner göttlichen Natur voll bewusst werden konnte. Die Wunden waren die Einfallstore für die Liebe Gottes. Vielleicht hat mit dem Herzstich seine Auferstehung begonnen.

Im Augenblick dieser (möglichen) Erkenntnis, die mich tief berührt, verwandelt sich meine Herzwunde. Eine blutrot aufblühende Rose versiegelt die offene Stelle.

~

Ich entschließe mich, behutsam, aber doch, die Position der Anfänglichen Gestalt in meine Arbeit mit Klienten einzuführen.

Frau K. ist eine sehr kluge und bewusste Frau. Sie ist die Erste, die ich mit diesem Konzept bekannt mache. Sie wird mir verzeihen, wenn ich hier sage, dass ihre Aufstellung die Generalprobe war. Ich erzähle ihr von der Anfänglichen Gestalt, und sie sagt, »Ja, es geht hier um Vertrauen.« So einfach kann man es auch ausdrücken, so schnell kann man verstehen. Das Grundvertrauen in das Aufgehoben-Sein in der Schöpfung und ein instinktives Wissen um den eigenen Ursprung können heilen.

Ich arbeite mit ihr in einer Einzelsitzung. Sie hat eine aggressive Krebserkrankung hinter sich und kommt gerade von der letzten Chemotherapie. Sie ist, ungeachtet ihrer schweren Erlebnisse, eine strahlende Frau. Wir arbeiten zuerst an biografischen Aspekten, und es ergeben sich Lösungsansätze.

Zum Abschluss schlage ich ihr eine Aufstellung mit der Anfänglichen Gestalt vor. Ich gebe ihr für die Anfängliche Gestalt noch andere Begriffe, und sie entscheidet sich für den Begriff »Wissender Ursprung«.

Gegenstände, von ihr auf den Boden gelegt, markieren die Positionen, zu denen sie sich entschlossen hat. Es entsteht das äußere Abbild ihres Innenbildes von dem Thema. In diesem Fall ist das Thema ihr Zugang zu ihrem Wissenden Ursprung.

Sie gibt sich selbst einen Platz und ihrem Wissenden Ursprung einen in Form einer dreifach brennenden Kerze. Der Weg zwischen den beiden ist offen, das heißt, nichts steht zwischen ihr und dem Wissenden Ursprung. Sie geht sehr bewusst auf ihr Ziel zu. Ich spüre von außen den Augenblick, in dem sie den »Hoheitsbereich« des Wissenden Ursprungs betritt. Sie nimmt das nicht wahr und geht weiter, umkreist die Position des Wissenden Ursprungs und bleibt dann daneben stehen. Was ist geschehen? Sie ist eine hochsensible Frau, warum hat sie den Hoheitsbereich nicht wahrgenommen? Meine Vermutung ist, dass sie in der Krise ihrer schweren Krankheit ihrem Wissenden Ursprung so intensiv begegnet ist, dass sie mit seiner Energie bereits vertraut ist. Daher auch ihr Strahlen und ihre Sicherheit, wieder gesund zu werden oder es schon zu sein. Ohne es beim Namen nennen zu müssen, ist sie bereits dort angekommen, wo Heilung auf sie wartet. Die fließende Selbstverständlichkeit, mit der Frau K. die Qualität der Anfänglichen Gestalt integrierte, sollte für lange Zeit ein Einzelfall bleiben.

Ich bin mir zunehmend der Existenz der Anfänglichen Gestalt bewusst. Ich lerne langsam, ihren noch sehr fernen Hauch zu spüren, und kann mich jederzeit innerlich darauf beziehen. Das gibt mir eine feine Stabilität. Immer noch ist es mein Rücken, der die Verbindung zu ihrem Raum öffnet und hält. Von dort her kann ich mich allerdings auch umhüllen lassen. Ich lehne mich hinein in das, was sich mir nähert; ganz leicht und ohne Zögern berührt mich der Bewusstseinsraum der Anfänglichen Gestalt.

Die Liebe, die mich wollte

Ohne dass ich sagen kann, wie das geschieht, öffnet sich eines Tages der Bewusstseinsraum meines Ursprungs hinaus in eine raumlose Weite. Von dort her kommt mir Liebe mit einer ungeheuren Wucht entgegen, eine Welle, die mich überrollt, abebbt und wieder verschwindet. In diesem Augenblick wird sie für mich erneut lebendige Gegenwart, die Liebe, die aus dem Nichts kommt, die Liebe, die mich will und immer schon wollte, die Liebe, aus der ich entstanden bin. Sie ist mir an den Bruchstellen meines Lebens schon begegnet, sie ist mir nicht ganz neu, aber diesmal kommt sie in der Stille in einem ganz »alltäglichen« Moment. Anders als ihr Erscheinen in Augenblicken höchster Not gibt ihr der Kontext der Alltäglichkeit eine viel konkretere Realität.

Ich hatte ein liebevolles, bergendes Elternhaus, aber auch für mich ist die Vorstellung, aus einer Liebe entstanden zu sein, die weit jenseits der menschlichen Bedingtheiten existiert, eine überwältigende Erfahrung. Jetzt kann ich mit dem Konzept dieser Liebe, die der Entstehungshintergrund der Anfänglichen Gestalt ist, hinausgehen und es mit anderen teilen. Jetzt ist das Bild vollständig.

Neue Fragen tauchen auf. Wie fasst man das alles in Worte, wie kann ich mich verständlich machen? Wie kann ich glaubhaft sein? Man spricht so leicht und flüssig über die universelle Liebe, wir tragen ja alle die Erinnerung daran in uns. Aber wie anders ist es, wenn man eine Ahnung davon erlebt hat. Da bleiben die Worte aus, und an ihre Stelle tritt die Scheu, das Erlebte zu benennen.

Wird man mir glauben?

~

Ich habe wunderbare Freunde. Peter, ein alles verstehender Freund, besitzt ein ausgedehntes Bibelwissen. Ich erzähle ihm von diesem Erlebnis und gebe ihm meine Deutung. Er sendet mir umgehend eine einschlägige Bibelstelle:

Jesaia 49. 14ff: »Vergisst wohl eine Frau das Kind, das sie nährt? Hört sie auf, ihren leiblichen Sohn zu lieben? Und wenn sie es vergäße, ich vergesse dich nicht. Siehe ich habe dich in meine Hand gezeichnet.«

Jes. 43,1: »Fürchte dich nicht; denn ich habe dich erlöst; ich habe dich bei deinem Namen gerufen, du bist mein!«

Es ist nicht zu sagen, wie mich diese Bestätigung aus so berufenem Mund beruhigt. »Ich habe dich in meine Hand gezeichnet …« Kann man die Liebe, die uns will, schöner formulieren?

Ich weiß, dass ich mich auf völlig fremdem und gleichzeitig von jeher vertrautem Gelände bewege und dafür kaum gerüstet bin. Albrecht, mein theologischer Freund, und Herwig, mein literarischer Freund, stehen mir bei. Albrecht löchert mich unerbittlich mit skeptischen Fragen und zwingt mich, meine inneren Erfahrungen und Bilder immer klarer zu formulieren. Klarer nicht nur für ihn, sondern auch für mich. Langsam nimmt das ganze Thema eine Gestalt an, die mir mehr Sicherheit gibt.

Herwig versorgt mich mit Textstellen aus der Literatur von namhaften Autoren, die ebenso darum gekämpft haben, Unsagbares auszudrücken und damit glaubhaft zu sein. Eine Ausnahme scheint Rilke gewesen zu sein. Er hatte die Fähigkeit, Unsagbares in die schönsten Worte zu kleiden und damit vom Himmel herunter in die Niederungen des menschlichen Verstehens zu bringen.

Ich halte mich schließlich an einen Satz des Quantenphysikers Hans-Peter Dürr aus seinem Buch »Was unsere Welt im Innersten zusammenhält« (Scorpio Verlag, München 2012). Er schreibt:»Die Struktur der Wirklichkeit können wir mit unserer Sprache gar nicht erkennen, sondern wir richten sie uns so zurecht, dass sie in diese Sprache hineinpasst.« Ja, so muss es wohl sein.

Wenn ich mit Ricarda durch den Wald gehe und ihr von meinen Gedanken erzähle, dann lächelt sie mich an, legt den Kopf ein wenig schief und sagt: »Ja, natürlich, das verstehe ich.« Ich staune sie an und muss lachen. Sie ist wunderbar, sie versteht mit ihrem ganzen Körper. Vielleicht mache ich es mir zu kompliziert?

~

Ich beginne, mein neues, nun vollständiges Konzept in die Arbeit mit Klienten einzuführen. Ich gehe davon aus, dass ich durch die Erlebnisweise meiner Klienten mehr über die Anfängliche Gestalt und die Liebe, die mich/uns wollte lernen werde.

Eine entscheidende Erfahrung ist die Tatsache, dass die Anfängliche Gestalt den meisten Menschen im ersten Anlauf gar nicht zugänglich ist. Sie ist verborgen hinter den Kulissen der jeweiligen Lebensgeschichte. Sie muss erst nachhaltig befreit werden von Mutter-, Vater- und sonstigen Projektionen, und nur allmählich kann sie ganz zaghaft als Möglichkeit angenommen und für die Klienten wirksam werden. Wenn ich daran denke, dass ich selbst ein halbes Jahr gebraucht habe, um meiner Anfänglichen Gestalt auch nur irgendwie begegnen zu können, dann wundert mich das nicht.

~

Ich möchte jetzt einige signifikante Beispiele aus meiner Praxis bringen, die in unterschiedlicher Form die Wirkweise der Anfänglichen Gestalt deutlich machen. Das heißt nicht, dass diese Beispiele das ganze Spektrum abdecken, sondern sie sind die ersten Informationen, auf die – da bin ich sicher – andere Aspekte folgen werden. Vielleicht hängt die Weiterentwicklung der Anfänglichen Gestalt in den Aufstellungen auch von meiner wachsenden Erkenntnisfähigkeit ab. Das würde für mich sehr viel Sinn machen. Die Klientin, ihre Aufstellung und ich sind ein System, wenn sich in mir Räume öffnen, dann kann das auch leichter im Klienten-System geschehen.

Mein erstes Beispiel bestätigt diese Annahme. In diesem Fall taucht die Anfängliche Gestalt im Zuge der Aufstellung auf, ohne von mir angesprochen worden zu sein.

Ungeachtet aller Überlegungen wirkt es für mich wie ein Wunder, das ich staunend entgegennehme wie ein Geschenk. Es ist so aufregend, wenn eine in mir entstehende Gestalt mir völlig unerwartet von außen entgegenkommt und durch das, was sie sagt, einerseits mein Innenbild bestätigt und andererseits mir mehr von sich zeigt, als ich bisher gewusst habe.

Frau W. kommt mit einem massiven, mit Angst verbundenen körperlichen Symptom in meine Praxis. Wir arbeiten an den möglichen Einflüssen ihrer Ursprungsfamilie auf dieses Symptom und klären ihre Lebensgeschichte, indem wir ihre Familienbezüge neu ordnen. Danach erhebt sich aber noch die Frage, ob es in den Generationen weiter zurückliegende zusätzliche Auslöser für das gegenwärtige Symptom geben könnte. Wir arbeiten mit Bodenankern, stellen eine entsprechende Position dazu und nennen sie »den Einfluss aus der Vergangenheit«. Diese Position reagiert von Anfang an sehr ungewöhnlich. Sie bezieht sich nur auf das Symptom und besteht darauf, dass sie und das Symptom zusammengehören, ja eine Art Einheit seien. Das Symptom bestätigt das. Und jetzt geschieht etwas sehr Spannendes, das sich in weiteren Aufstellungen wiederholen wird. Dadurch, dass das Symptom nicht mehr als ein Aspekt einer Krankheit, sondern als gleichwertig mit der rätselhaften neuen Position gesehen wird, verwandelt es sich schlagartig. Es wird zu einer weisen Stimme, die den Heilungsweg genau zu kennen scheint und ihn benennen kann. Aber offenbar nicht nur das. Die Weisheit des Körpers scheint weit über die körperliche Befindlichkeit hinauszugehen und hat Verbindung mit den Lebensumständen der Klientin. Das heißt, das, was vor Kurzem noch das Symptom war, ist jetzt das Wissen der Klientin um ihr konkretes Leben. Man könnte auch sagen, es ist ihr Wissen um ihre Existenz in der dualen Welt.

Die neue Position steht außerhalb der Materie der dualen Welt, hat aber im Gegensatz dazu Zugang zum geistigen Raum. Nun ist es klar, die neue Position, die wir »den Einfluss aus der Vergangenheit« genannt haben, ist die Anfängliche Gestalt. Sie geleitet das Symptom, das die Weisheit der Lebenserfahrung in sich trägt und inzwischen vergessen hat, dass es vor Kurzem noch ein Krankheitsaspekt war, auf einen Weg in Richtung einer möglichen Befreiung und Heilung. Sie tut es einfach dadurch, indem sie neue Perspektiven und Erfahrungsmöglichkeiten aufzeigt und spürbar macht. Die Anfängliche Gestalt weiß um unseren Weg in die Befreiung und Heilung, aber sie weiß offenbar nichts über die Erfahrungen in der dualen Welt, die diesen Weg mitbestimmen, einschränken, aber gleichzeitig auch ermöglichen. Das wird in dieser Aufstellung sehr deutlich. Es ist an uns, die ganzheitliche Ebene der Anfänglichen Gestalt und die duale Ebene unserer Existenz hier auf der Erde bewusst zusammenzubringen. Je mehr wir von dem Wissen unseres geistigen Ursprungs, unserem Heilsein im geistigen Raum zulassen, umso befreiter sind wir innerhalb der dualen Welt. Diese Welt ist kein Gefängnis, sie ist das kostbare Gefäß, in dem wir uns selbst zur Reife bringen. Nur innerhalb dieses Gefäßes sind wir Mensch.

Ein nächstes Beispiel ist Frau G. Hier führe ich mein vollständiges Konzept ein und nehme zur Anfänglichen Gestalt auch die »Liebe, die mich wollte« dazu. Die Klientin ist nicht imstande, einen Kontakt zur Anfänglichen Gestalt herzustellen, fühlt sich aber völlig selbstverständlich aufgehoben in der Liebe, die sie wollte. Die Anfängliche Gestalt bleibt wie stumm, sie hat nichts zu sagen. Hier wird überraschend das Symptom zum Wissensträger. Es schaut auf die Position von Frau G. und mahnt sie eindringlich, die Tatsache ihres eigenen Lichtes anzunehmen. Nur dann wird es möglich sein, mit dem ganzheitlich heilenden Wissen der Anfänglichen Gestalt in Verbindung zu kommen. Vom Symptom aus gesehen, steht Frau G. mit gesenktem Kopf, in sich selbst hineingesunken und glanzlos an ihrem Platz. Frau G. nimmt die Mahnung ernst, richtet sich auf, atmet durch, und plötzlich beginnt es zwischen ihr und der Anfänglichen Gestalt zu fließen. Ein Anfang ist gemacht. Die Liebe, die Frau G. wollte, durchströmt das ganze System und bildet so etwas wie einen Nährboden, auf dem das Selbstvertrauen von Frau G. in ihre eigene Göttlichkeit wachsen kann und die Heilungsimpulse der Anfänglichen Gestalt möglich werden können.

Diese Aufstellung bringt wesentliche Informationen. Wenn wir uns klein machen, unserem Ursprung im Göttlichen nicht vertrauen, dann verschließen wir uns vor unserer möglichen

Heilung. Physikalisch gesehen müssen wir offenbar durch unsere innere Haltung auf eine mentale Frequenzebene kommen, damit die Anfängliche Gestalt überhaupt mit uns Kontakt aufnehmen kann. Eine vertrauende innere Haltung steigert die Feinheit unserer Ausstrahlung, und damit werden wir für geistige Instanzen leichter erreichbar.

Die zweite interessante Information ist, dass »die Liebe, die Frau G. wollte« sie auch dann erreicht, wenn sie nicht auf eine höhere Ebene gehen kann oder will. Das heißt, von der Liebe, aus der wir entstanden sind und die uns ständig begleitet, sind wir angenommen, wie wir sind. Sie bietet uns Schutzraum und Nährboden, damit wir unseren inneren Weg gehen können, aber sie nimmt uns die Schritte nicht ab.

Im Falle dieser Aufstellung hat das Symptom, das chronisch geworden ist und seit vielen Jahren mit Frau G. lebt, bereits Schritte der Reife gemacht und sich ein erweitertes Wissen erworben. Daher übernimmt es in diesem Fall ganz selbstverständlich eine Vermittlerrolle zwischen Frau G. und ihrer Anfänglichen Gestalt. Eine Frage, die sich daraus ergibt: Sind chronifizierte Symptome anders zu sehen und zu »behandeln« als akute Erkrankungen? Verwandeln sie sich im Laufe der Zeit? Werden sie zu einer Art Zwischenstation zwischen uns und unserer heilen Ganzheit?

Überspitzt gefragt, lassen wir chronische Erkrankungen zu, damit sie allmählich zu einer Art Wissensträger werden, weil wir nicht den Mut haben, uns aufzurichten, wie Frau G. das getan hat, um den direkten Weg zu unserer Ganzheit anzutreten? Ist ein chronisches Symptom ein fauler Kompromiss, weil uns der Mut zu unserer Ganzheit fehlt?

Nichts als offene Fragen, denen ich weiter nachgehen werde, auch dann noch, wenn dieses Buch längst gedruckt ist.

Herr C. ist ein sehr reflektierter und sehr gläubiger Mensch. Er kommt nicht mit einem körperlichen Symptom, sondern mit einer Lebensschwere, die im Alter von neun Jahren begonnen hat. Mit neun Jahren ging das Kind zur Erstkommunion, und bald darauf starb seine Mutter.

Wir stellen neben den erwachsenen Mann den neunjährigen Knaben von damals und arbeiten mit der Anfänglichen Gestalt und der Liebe, die ihn wollte. Gleich zu Beginn verwandeln sich diese beiden Positionen. Der Liebe, die ihn wollte, gibt er den Namen »Das Gewolltsein von Gott«, wobei es ihm ganz wichtig ist zu betonen, dass das Gewolltsein von Gott nicht nur am Anfang seiner Existenz steht, sondern immer gegenwärtig ist. Wie recht er hat. Die Anfängliche Gestalt wird zu der Beziehung zwischen dem Gewolltsein von Gott und Herrn C. als diesem neunjährigen Knaben. Das von Gott Gewollte bezieht sich ausschließlich auf das Kind. Es wird deutlich, Gott ist diesem Kind immer treu geblieben, unabhängig davon, was sich später im Leben getan und verändert hat. »Gotteskindschaft« nennt Herr C. dieses Phänomen. Der Neunjährige wird von Gott gesehen, und die Augen Gottes wenden sich nie wieder ab von ihm. Und dennoch all die Schwere, die in der Kindheit begonnen hat und nie wieder von der Seite dieses Mannes gewichen ist. »Ich bin damals auf Gott zugegangen«, sagt Herr C. Er entdeckt in sich diesen völlig unversehrten Anteil, dem er scheinbar jetzt das erste Mal bewusst begegnet. Wie sehr dieser Anteil im Laufe des Lebens bereits heilend und schützend gewirkt hat, können wir nur vermuten. Herr C. fasst zusammen: »Ich als dieser Knabe bleibe unberührt von dem Gewicht meines Lebens, ich bin in Gottes Augen immer das geblieben, was ich als Kind war, ich bin in seinen Augen gleich geblieben, weil die Anfängliche Gestalt unserer Beziehung immer gleich geblieben ist.«

Diese Aufstellung macht klar, die Anfängliche Gestalt ist hier die Gestalt der unwandelbaren Beziehung zwischen Gott und dem Kind. Das Leben von Herrn C. hat sich wie danebenstehend und ohne bewussten Kontakt zu der Gotteskindschaft in ihm weiterbewegt. Jetzt taucht dieser in Gott geborgene und immer in Gott ruhende Knabe aus den Erinnerungstiefen auf und wird zu einer mächtigen Ressource, die heilend der Lebensschwere des Erwachsenen begegnen kann.

Wir beide sind berührt davon, welche Räume sich öffnen können, ausgelöst von der Anfänglichen Gestalt und der Liebe, die uns wollte, wenn ein Mensch von Kind an Gott entgegengeht und sein Leben von dem Wunsch getragen ist, bei Gott anzukommen. Der Bewusstseinsraum der Anfänglichen Gestalt von Herrn C. hat sich nicht um die Lebensschwere gekümmert, sondern hat ihn ohne Umschweife und mit außerordentlicher Klarheit an seine große spirituelle Tiefe erinnert und ihn mit ihr verbunden.

Gemeinsam mit Herrn C. gehe ich der Frage nach, wer hat hier die Augen abgewandt ... sicher nicht Gott. Wir selbst schließen zuerst einmal die Augen, um Gott nicht sehen zu können, wenn das Leben unerträglich schwer wird. Warum tun wir das? Allmählich nur öffnen wir sie dann wieder und müssen uns fragen, wo wir die ganze Zeit waren, während Gott uns unverwandt angeschaut hat. Herr C. muss an die Stelle seines Lebens zurückkehren, wo er selbst noch offenen Auges auf Gott zugegangen ist. Er muss sich selbst abholen, dort, bevor er die Augen – zumindest zum Teil – geschlossen hat. Jetzt kann er offenen Auges sich und sein Leben in Gott betrachten und spüren.

Frau B. kommt mit einer Reihe von Symptomen. Ich bin mir nicht sicher, ob ich sie mit meinem Ressourcenpaar überfordere, daher stellen wir ein Format, mit dem ich gearbeitet habe, bevor mir die Anfängliche Gestalt und die Liebe, die mich wollte begegnet sind. Sehr rasch stellt sich heraus, dass Frau B. mit einer fast hellsichtigen Klarheit die Informationen der einzelnen Positionen der Aufstellung wiedergibt. Und dann geschieht wieder einmal das Wunder. Von der Position des Symptomenkomplexes aus fordert sie eine neue Position ein und kann genau angeben, wo diese Position zu stehen hat. Dann geht sie in die neue Position und sagt zu meinem grenzenlosen Erstaunen: »Das ist meine Blaupause, von hier aus weiß ich Bescheid.« Die Blaupause ist der Name, den ich zuerst für die Anfängliche Gestalt in mir hatte! Ich verwende ihn aber nur selten, weil ich meinen Klienten diesen technischen Terminus nicht zumuten will, vor allem auch, weil der Begriff der Blaupause längst nicht das spirituelle Potenzial der Anfänglichen Gestalt vermittelt.

Frau B. in ihrer unsentimentalen Klarheit steht also in ihrer Blaupause, zeigt im Raum herum und fordert weitere Positionen ein, die sie auch sofort benennen kann. Wir gehen in den Generationen zurück, in denen es jeweils Ereignisse gegeben hat, die mit den Symptomen verknüpfbar wären, aber die Blaupause kommt erst zur Ruhe, nachdem wir schließlich in der dritten Generation vorher bei einem sehr früh verstorbenen Kind landen. Diese Position ist offensichtlich die Wurzel der Erkrankungen von Frau B. Wir lösen Frau B. von der Identifikation mit diesem Kind ab, und sie geht erleichtert und erstaunt über ihr eigenes Wissen nach Hause.

In rasender Schnelligkeit hat sie, in der Blaupause stehend, einen generationsweiten Überblick bekommen und konnte von dorther selbst den Lösungsweg steuern.

Ich habe zuvor geschrieben, dass die Anfängliche Gestalt über die Wege des Menschen innerhalb der dualen Welt nicht Bescheid weiß. Die Blaupause hier, alias Anfängliche Gestalt, wusste sehr viel über die Familiengeschichte der Klientin. Schlagartig war das Wissen da, und die Klientin konnte es auch sofort einordnen. Die Erinnerung an Bemerkungen in der Familie tauchte auf. Wusste die Blaupause um den geistigen Prozess innerhalb der Generationen oder um konkrete Tatsachen?

An dieser Stelle komme ich nur weiter, wenn ich mich an das Wissen von Friedrich Weinreb anlehne, dem jüdischen Religionsphilosophen.

Friedrich Weinreb spricht von dem Konzept der jüdischen Mystik, dass alles, was in der dualen Welt geschieht und Gestalt annimmt, eine Spiegelung in der geistigen Welt hat. Die beiden zusammengehörigen Spiegelbilder sind nicht identisch, sondern sind Entsprechungen voneinander. Kann es sein, dass die Anfängliche Gestalt, so wie ich vermute, an der Schnittstelle zwischen der geistigen und der dualen Welt der Materie angesiedelt ist und im Bewusstsein der geistigen Entsprechung die Geschehnisse in der dualen Welt im großen Bogen erahnt?

Wieder eine offene Frage, die wohl kaum je schlüssig beantwortet werden kann, aber in der Auseinandersetzung und Arbeit mit der Anfänglichen Gestalt sollte diese Möglichkeit berücksichtigt werden.

~

Ich weiß, dass ich mich jetzt wiederhole, und dennoch möchte ich zum Abschluss noch einmal meine Gedanken und Vermutungen, die Anfängliche Gestalt betreffend, zusammenfassen:

Die Anfängliche Gestalt entspringt einem Impuls des Universums, sie entsteht aus der »Liebe, die mich/uns wollte und will« und zwar so, wie wir sind. Die Liebe ist die Grundsubstanz des Universums, wir alle sind aus dieser Liebe geschaffen. Das Universum erschafft uns in Freude an sich selbst. Diese freudige Liebe macht es möglich, dass sich die Anfängliche Gestalt aus dem kollektiven Potenzial herauskristallisiert. Sie trägt in sich das geistige Wissen um unseren inneren Weg und das Wissen um unsere Anlagen und Aufgaben in der dualen Welt der Materie. Sie weiß nichts darüber, wie und bis zu welchem Ausmaß wir unsere Anlagen und unsere Aufgaben in die Verantwortung nehmen werden. Sie scheint auch nicht um die Art der Erfahrungen zu wissen, die wir machen werden. Das ist einleuchtend, denn innerhalb unserer Bedingtheiten sind wir frei auf dem Weg. Wir entscheiden laufend neu über unser Schicksal, durch die Art und Weise, wie wir auf das Leben reagieren. Der Körper spiegelt uns unseren Weg in der dualen Welt in seinen Symptomen. Offenbar wohnt in den Symptomen ein Teil des Wegbewusstseins, das Wissen um eine mögliche Lösung. Daher bezieht sich die Anfängliche Gestalt hauptsächlich auf das Symptom und macht es zu seinem Partner. Dadurch erwacht das Symptom und wird zu unserer Weisheit innerhalb der dualen Welt.

Liegt also in unseren »Defiziten« der Weg verborgen, den wir zu gehen haben, um unserem Ursprung, unserer Anfänglichen Gestalt näherzukommen? Entwicklung und Hinwendung zu unserer Ganzheit und damit zu unserem Heilsein entstehen aus dem Dialog zwischen Anfänglicher Gestalt und dem dualen Bewusstsein, das der Welt innerhalb der Materie verpflichtet ist. Die Anfängliche Gestalt speist ihre ganzheitliche Information in den gemeinsamen Raum – und das Materiebewusstsein das Wissen um die beschränkenden Gesetze und Unerbittlichkeiten der Materie. Auch die bisherigen Erfahrungen in der dualen Welt sind in dem Materiebewusstsein gespeichert. Die Anfängliche Gestalt hat nur das ganzheitliche Bewusstsein. Daraus ergibt sich der mir gar nicht so angenehme Schluss, dass unser Problembewusstsein, entstanden durch Schwierigkeiten im Leben, notwendig zu sein scheint, um den Weg zur Anfänglichen Gestalt zu finden, denn in jedem Problem liegt auch seine Lösung. Das ist zumindest mein derzeitiger »Wissensstand« über das Wesen der Anfänglichen Gestalt.

Ich werde von meinen Dialogpartnern immer wieder gefragt, wie ich in Kontakt mit der Anfänglichen Gestalt komme. Es ist eine Frage des Grundvertrauens. Ich kann die Anfängliche Gestalt nicht suchen gehen, ich kann mich ihr nur öffnen und darauf vertrauen, dass sie sich mir nähert, als ferne Ahnung zuerst, allmählich deutlicher und klarer. Dieses Grundvertrauen ist ein seelisches Gut, das kommt und geht und oft dann ganz verschwindet, wenn man es am notwendigsten braucht.

Ich habe für mich einen ersten Weg gefunden. Ich wende mich an die Liebe, die mich wollte und will. Ich lehne mich in sie hinein und bin angenommen mit all meinen Zweifeln und Defiziten. Ich ruhe in dieser Liebe und, als würde die Anfängliche Gestalt ständig neu aus dieser Liebe geboren werden, entsteht sie und nimmt Kontakt mit mir auf. Ich habe das Gefühl, dass die Anfängliche Gestalt nur darauf wartet, von uns angenommen zu werden.

Ein praktisches Beispiel: Wenn meine Augen gerade besonders wenig sehen, dann wende ich mich, getragen von der Liebe, die mich wollte, an die Anfängliche Gestalt in der Hoffnung, sie möge ihr Wissen um meine gesunden Augen in meinen Körper einfließen lassen. Ich bitte darum, dass dieses gesunde Potenzial mit meinen kranken Augen unterstützenden und heilenden Kontakt aufnimmt. Mit Hilfe der Liebe kann ich vertrauen.

Das ist derzeit der einzige Weg, auf dem ich mir einen Prozess in Richtung Besserung vorstellen kann. Ich habe mit dem ganzen Thema noch nicht genug Erfahrung, und es ist jedem meiner Leser überlassen, seinen eigenen Zugang zu finden. Es ist ganz wichtig zu begreifen: in dem Prozess der Kontaktaufnahme geht es nicht um das Tun, sondern ausschließlich um das Zulassen und Geschehenlassen. Es geht darum, sich anzuvertrauen, auch wenn es noch innere Zweifel geben sollte. Diese Zweifel werden sich mit der Zeit lösen, denn die Liebe, die mich wollte und die Anfängliche Gestalt heilen ganzheitlich, das heißt nicht nur unseren Körper, sondern auch unsere Gefühle und unseren Geist.

Die Liebe, die uns wollte und will, ist die mächtigste Ressource, der ich je begegnet bin. Sie hat mein Leben sehr verändert und erleichtert. Es ist die Liebe, die nichts und niemanden ausschließt, eine alles gewährende Liebe, in der alles sein darf, so wie es ist. In den Aufstellungen hat sie eine wunderbare Wirkung, wenn sie angenommen werden kann. Zu meiner Überraschung ist fast jeder Mensch offen für die Tatsache, jenseits der eigenen Familiengeschichte vom Universum/der Schöpfung/von Gott geliebt und – so wie wir sind – gewollt zu sein. Es ist, als würden wir mit dieser Liebe ein Zauberland betreten. Noch ist dieses Land kaum erforscht, aber jedem von uns steht es frei, sich diesem Abenteuer der Entdeckungen zu überlassen.

Immer wieder überkommen mich Zweifel, ob ich das, was sich in mir bewegt, so nach außen bringen kann, dass es nachvollziehbar wird und vielleicht andere Menschen ähnlich beschenkt, wie ich mich beschenkt fühle.

Mir selbst zum Trost schließe ich dieses Kapitel mit Worten von Ludwig Wittgenstein*:

»Das Unaussprechbare (das, was mir geheimnisvoll erscheint und ich nicht auszusprechen vermag) gibt vielleicht den Hintergrund, auf dem das, was ich aussprechen konnte, Bedeutung bekommt.«

---

* Aus: Matthias Kroß, *Klarheit als Selbstzweck: Wittgenstein über Philosophie, Religion, Ethik und Gewissheit.* Akademie Verlag, Berlin 1993

3. Die Lust am Bösen

Ein Gespräch über das Dunkle, das Hässliche und die Kreativität von Zerstörung

Gerald Schmickl: *In den Texten und Gesprächen war bisher mehr von Liebe, Licht und dem Guten die Rede. Das Dunkle, Hässliche und das Böse waren als Kontrast dazu zwar am Rande vorhanden, verblieben aber doch weitgehend im Schatten, fanden zu keiner eigenständigen Existenz und Gestalt. Nun hattest du in der Zwischenzeit selbst ein Erlebnis, das dir diesen Bereich nachhaltig nahegebracht hat. Erzähle bitte davon!*

Christl Lieben: Begonnen hat alles ganz harmlos. Ich war bei meiner Tochter in Los Angeles, und am Abend vor meinem Rückflug schauten wir uns Fotos vom vergangenen Sommer an. Ich fand, dass ich darauf ausschaute wie eine »wilde Perchte«, eine wilde Waldhexe. Eitel wie ich bin, habe ich beschlossen, mich nie wieder fotografieren zu lassen. Am nächsten Tag bin ich abgeflogen und in London spät angekommen, fast zu spät, um meinen Anschlussflug nach Wien zu erreichen. Weil die Zeit schon knapp und der Schalter bereits geschlossen war, wollte man mich nicht mehr mitnehmen. Ich wollte aber auf keinen Fall eine Nacht in London verbringen, und so erinnerte ich mich an mein »Perchtengesicht«. Ich »zog« es innerlich »an«, führte mich auf wie eine Perchte, bat nicht mehr, sondern befahl, und plötzlich ging es doch: Ich wurde aufs Rollfeld geführt, wo die Maschine bereits mit laufenden Motoren stand, und wurde mitgenommen!

Auf dem Flug nach Wien stellte ich dann voll Vergnügen fest, dass das Hässliche eigentlich eine gute Funktion hat. Wäre ich der freundliche Mensch gewesen, der ich meistens bin, wäre ich in London geblieben. Also habe ich begonnen, mich mit dem Hässlichen näher zu beschäftigen. Mein erster Gedanke war der Wunsch, den alle Menschen haben, schön oder zumindest ansprechend auszuschauen, damit wir von der Welt und uns selbst angenommen werden. Wir betonen mit Kleidung, Frisur und Schminke das, was an uns schön ist, und verdecken das, was an uns weniger schön oder vielleicht hässlich ist. Wenn wir das Gefühl haben, gut auszuschauen, gehen wir sicher und vergnügt ins Leben hinaus und benehmen uns auch dementsprechend entgegenkommend und freundlich. Ich habe gerade die Erfahrung gemacht, wie leicht ich zum tyrannischen Weib werde, wenn ich mich innerlich mit der Perchte schmücke. Wäre es nicht ein interessantes Experiment, einmal alles weniger Schöne oder Hässliche an uns zu betonen, durch Kleidung, Frisur und Schminke, und sich damit dem Leben zu stellen? Wir zeigen in diesem Moment die verdrängten und verschwiegenen Aspekte von uns – äußerlich. Der Weg zu einem inneren Zustand und Verhalten, der zu diesen Aspekten gehört, ist ganz kurz. Wie also würden wir uns hässlich benehmen, wie käme uns dann die Welt entgegen, welchen Weg würde unser Leben nehmen – und was würde dieser andere Weg in unserem Inneren auslösen?

Diese Gedankenspinnereien im Flieger nach Wien entstammten der Frage, wer ist der andere Mensch in uns, den wir ständig wegschminken? Was hat dieser Mensch uns zu sagen, was haben wir von ihm zu lernen, sollten wir ihm nicht in einer Weise, die mir noch nicht klar ist, auch einen Platz geben in unserer Welt?

Eine Frage, die mich fesselt, die aber noch ohne Antwort bleiben muss.

Das Hässliche führte mich direkt zur Thematik von Destruktion. Eine unlautere Gedankenverbindung, denn wer sagt, dass das Hässliche destruktiv ist? Da ertappte ich mich selbst bei einem Kurzschluss – und dennoch verfolgte ich die Spur der Destruktion weiter. Ich schaute mir destruktive Prozesse aus meiner eigenen Geschichte an, aber auch von Freunden und Klienten.

Was heißt »anschauen« in diesem Zusammenhang?

»Anschauen« heißt in diesem Fall »innerlich mitvollziehen«. Ich habe Selbstzerstörungsprozesse wie unter der Lupe angeschaut, habe sie Station für Station mit- und nachvollzogen – und dabei die Erfahrung gemacht, dass alle diese Prozesse zu einer Umkehr führen, die das Leben des jeweiligen Menschen auf eine sehr kreative Weise neu gestaltet. Sie sprengen Panzerungen und überholte Lebensgerüste. Es muss offenbar zuerst einmal viel zerstört werden, damit Neues Platz hat. Ich erinnerte mich an Hekate, die griechische Göttin der Magie und des Übergangs, und an Kali, die indische Göttin der Zerstörung, die beide restlos zerstören, um dem Neuen Platz zu machen. Interessanterweise sind das beide weibliche Göttinnen!

Abgelöst von diesen Prozessen habe ich dann generell über die Funktion des Bösen und Destruktiven nachzudenken begonnen, und mir eines Abends vor dem Einschlafen vorgestellt, wie ein großes, himmelhohes Gerüst langsam einzustürzen beginnt. Der Einsturz war ein ästhetisch schöner Prozess. Mit diesem Bild schlief ich ein.

In der Nacht wachte ich auf und war wie von einer dunklen Wolke umhüllt, einer schweigenden, vernichtenden Dunkelheit. Ich versuchte, innerlich Licht herbeizuholen. Das Licht tauchte zwar als eine ferne Lichtsäule auf, blieb aber ganz am äußersten Rande des Geschehens. Ich spürte körperlich, wie mir die dunkle Wolke Kraft nahm, es war ein verrücktes Gefühl und ich brauchte lange, um mich halbwegs davon distanzieren zu können. Ganz verschwand diese Wolke nicht aus meinem Zimmer, trotzdem schlief ich irgendwann wieder ein.

Am nächsten Morgen war alles weg, ich hatte auch wieder Kontakt zum Licht, war aber physisch erledigt und fühlte mich völlig zerschlagen. Da ist also eine seltsame energetische Realität in meinem Raum gewesen. Ich empfand sie im Nachhinein als ein von mir abgelöstes, kollektives Phänomen – und dachte betroffen: So schnell ist man in Kontakt mit dem kollektiven Bösen, wenn man sich mit der Zerstörung beschäftigt! Ich habe begonnen, mir vorzustellen, wie solche dunklen, schwarzen Wolken über Krisengebieten lagern oder dort entstehen, derzeit etwa über Syrien, über allen Kriegszentren – und natürlich betrifft es nach wie vor die Zeit des Holocaust.

Mein Eindruck von dieser Wolke war, dass sie autonom – und weder beeinflussbar noch ansprechbar ist.

Ich habe mich erinnert, dass ich in meiner Arbeit mit Klienten auch immer wieder in diese großen Dunkelheiten komme, vor allem, wenn es um die Nazi-Zeit geht. In diesen Situationen stand ich fest auf dem Boden meines Herzensgrundes und der Liebe und war dadurch offenbar unangreifbar. Wenn ich mit Klienten an deren Bildern von innerer Dunkelheit arbeitete, habe ich sie immer aufgefordert, sich dieser Dunkelheit zu nähern, und sie gebeten, ihr Herz zu öffnen und eine innere Hand auszustrecken und dabei zu sagen: »Du gehörst dazu, du bist ein Teil des Ganzen – und was brauchst du von mir, um dich zu verwandeln?«

In praktisch allen Fällen ist nach dieser Intervention die Dunkelheit in den inneren Bildern meiner Klienten weich geworden, oft auch traurig, jedenfalls ansprechbar und anschließbar. Ich hatte dazu das Bild – und das habe ich nach wie vor –, dass das Dunkle das nicht erlöste Licht ist. Wenn man das Dunkle oder das Böse daran erinnert, dass es auch aus der liebenden Urquelle kommt, also aus der »Liebe, die es wollte«, dann wird es ansprechbar – das war zumindest meine bisherige Erfahrung.

Nun scheint dieser Erfahrungsglaube durch dein nächtliches Erlebnis etwas erschüttert worden zu sein. Aus deinen Schilderungen entsteht der Eindruck, dass du mit einer ganz eigenständigen Gestalt und Qualität konfrontiert warst.

Richtig. Wobei ich auch in meiner Praxis einige Fälle hatte, bei denen die Dunkelheit, die zumeist aus schweren Verbrechen in diesen Familien stammte, nicht beeinflussbar war. Sie wurde, wenn man ihr Licht, Liebe oder Verzeihung anbot, richtig wütend und ist – in den Positionen der Stellvertreter – dagegen angegangen. Das war wohl das, was man im Volksmund »Der Teufel scheut das Weihwasser« nennt. Ich musste oft stundenlang arbeiten, was das gesamte aufgestellte System an den Rand der Erschöpfung brachte, bis diese Dunkelheit bereit war, weicher und offener zu werden. Und dafür gab es nur einen einzigen Weg und »Schlüssel«: Das Thema dieser dunklen Kräfte war immer tiefe eigene Schuld – und die konnte nur dann erlöst werden, wenn dieser Schuldkomplex sich selbst verzeihen konnte. Erst, als die Positionen dieser Schuldgefühle sich selbst vergeben konnten, waren sie bereit, Licht und Liebe anzunehmen. (Siehe dazu auch das Kapitel »Zerbrechliche Fragen – namenlose Schicksale«.)

Wenn also Selbstzerstörung geschieht, als Folge tiefer, schwerer Schuld – bei solchen destruktiven Prozessen wird ja nicht nur das Opfer, sondern auch der Täter zerstört –, dann ist dieses Dunkle das nicht erlöste Licht, das durch Schuld und Leid gebunden ist. Es wird scheinbar autonom, da es vergaß, dass es ursprünglich aus der Liebe entstand. Gegen dieses autonome Dunkle muss man sich wirklich schützen. Das ist aber nur der erste Schritt; der nächste ist, sich ihm zu nähern, es im Sinne des gesamten Leides, das darin gefangen und gebunden ist, anzusprechen.

Man könnte fast ein wenig provokant und despektierlich fragen: Was ist das für ein Böses, wenn es sich so rasch verwandeln lässt und zurückzieht?! Man muss doch eigentlich von einem gewissen Beharrungsvermögen ausgehen, das dem Bösen seine Identität sichert und es sich nicht so leicht auflösen lässt. Und es zeigt sich ja, sowohl historisch als auch gegenwärtig, dass sich das Böse durchaus behauptet. Interessant ist freilich, dass es überhaupt beeinflussbar und wandelbar ist, wie du das in deinen therapeutischen Settings erfahren hast. Es gibt also nicht nur Hell und Dunkel, das in scharfem Kontrast zueinander steht, sondern auch Überblendungen.

Völlig richtig. Wenn ein Klient zu mir kommt und sein Dunkles sich sofort ansprechen und verändern lässt, dann ist es auch – wie du sagst – kein mächtiges Dunkel. Das wirklich machtvolle Dunkle hat sich in meinem Arbeitsfeld fast immer nur in Nazi-Kontexten gezeigt, und da hat es eben meistens Stunden gebraucht, um es zu verwandeln. Was dann passiert, wenn es sich aufzulösen beginnt, ist das Hervortreten einer grenzenlosen Verzweiflung. Ich vermute, dass solche Schuldkomplexe auch deswegen so eine Beharrungskraft haben, weil sie um ihr Leid und ihre Verzweiflung wissen. Stelle dir vor, was geschieht, wenn solch eine riesige Wolke ihre Verzweiflung zulässt, was das kollektiv auslösen würde!

Mein nächtliches Erlebnis war das einzige dieser Art. Aber ich glaube, dass es möglich sein müsste, dieses kollektive Dunkel anzusprechen. Fast gesetzmäßig folgte nämlich in den Aufstellungen nach der überwältigenden Verzweiflung ein ebenso überwältigender Strom von Liebe, die uns alle und den ganzen Raum heilend durchfloss. Meine Hypothese dazu ist, dass die Liebe des Universums von dem Bösen nicht vernichtet, sondern nur verdrängt wird. In dem Augenblick, wo das Böse in sich zusammenfällt, nimmt sich die Liebe, die uns alle wollte, wie selbstverständlich wieder ihren Raum.

Ich las von einer Frau in den USA, die mit einer Gruppe an Orte reiste, an denen gefoltert wurde oder wo Konzentrationslager standen, und die dort so lange meditierten, bis sich die manifestierte negative Energie aufgelöst hatte.

Ich möchte mich mit einer kleinen Gruppe von Freunden der Erforschung dieses Phänomens des abgespaltenen und autonom wirkenden Bösen widmen. Ich kann die Welt nicht verändern, aber ich möchte für mich einen Ansatz finden, wie man damit umgehen kann.

Es gibt ja eine seltsame Aufspaltung im Umgang mit dem sogenannten Bösen. Religionen und sich selbst als heilig und licht empfindende weltliche Kreise haben es verbannt und halten es möglichst weit draußen; in den Medien hingegen hat es eine massive, durchaus zentrale Präsenz. Es reicht, das Tagesprogramm eines durchschnittlichen TV-Kanals zu betrachten, um zu sehen, was für eine buchstäblich ungeheure Attraktivität und Faszination das Böse ausstrahlt. Ich möchte in diesem Zusammenhang eine Stelle aus einer Erzählung des französischen Autors Pierre Michon zitieren. Da heißt es, diese Geschichte sei »reiner Schrecken. Und dieser Schrecken zieht uns*

* »*Die Elf*«, Suhrkamp, Berlin 2013.

an (...), weil die Menschen von oben bis unten, die Gebildeten wie die Bettler, (...) die Schrecken, die Blutbäder, leidenschaftlich lieben.«

Er drückt es sehr krass aus, aber grundsätzlich ist was dran. Ich glaube das auch. Eine entfernte Ahnung davon habe ich erlebt, als ich die Destruktionsprozesse innerlich ablaufen ließ. Vielleicht kam das Dunkle in der Nacht auch deswegen zu mir, weil ich, in meiner Auseinandersetzung mit Destruktion, plötzlich selbst die Lust und den Sog des Bösen spürte. Wenn ich mein Leben zurückspule, so habe ich der Lust am Bösen oft genug nachgegeben. Ich habe niemanden ruiniert, auch nichts zerstört, aber ich habe oft negative, scharfe und unbedachte Urteile über Menschen gefällt, mir »die Gosch'n zerrissen«, wie man in Wien sagt. Und auch noch Spaß dabei gehabt. Ich sprach mit vielen Leuten darüber: Jeder kennt diese böse Seite an sich, diese Lust daran. Aber was ist das? Was suchen wir darin?

Was mir – als vielleicht absurde Idee – dazu einfiel: Ob nicht ein Teil der menschlichen Kreativität und Kraft im Bösen verschlossen ist – und man das Verlangen hat, das aufzuschließen?!

Wenn man sich etwa mit Krebszellen auseinandersetzt, erkennt man, dass die ein unglaublich kluges, kreatives Überlebenspotenzial in sich haben. Sie sind viel klüger als die restlichen Zellen – und schaffen es sogar, gesunde Zellen dazu zu »überreden«, mit ihnen zu kooperieren. Die Krebszellen zerstören zwar letztendlich auch sich selbst, aber könnte es nicht sein, dass sie für uns wesentliche Informationen über kreative Lebensprozesse, die in der Zerstörung enthalten sind, mit ins Grab nehmen?

Ich habe in meiner Arbeit zwei Mal schizophrene Patienten begleitet. Sie waren psychiatrisch versorgt, daher war ich frei, in meiner Art und Weise mit ihnen zu kommunizieren. Ich entschloss mich, davon auszugehen, dass diese Patienten normal sind. Anders normal als wir, aber in ihrer Weise normal. Das spürten sie und schenkten mir ihr Vertrauen. Sie nahmen mich mit in ihre Welt, und ihre Welt war glasklar, in sich selbst logisch. Sie erlebten und formulierten etwas, was wir als normale Menschen abspalten. Unser gesundes Bewusstsein schützt uns vor diesen dämonischen und eigentlich nicht erträglichen Inhalten. Das Kranke an den Schizophrenen ist meiner Meinung nach nur, dass ihnen diese Absicherungsschranke fehlt und sie daher mit ihrem Bewusstsein den abgespaltenen Inhalten des kollektiven Bewusstseins ausgeliefert sind. Sie werden davon überschwemmt, und ihr Nervenkostüm hält das auf Dauer nicht aus. Die Abwehr gegen das Abgespaltene bricht immer mehr zusammen. In namenloser Einsamkeit und einem weitgehenden Unverstandensein vegetieren diese Menschen dahin. Was sie erleben und beschreiben, ist kein Wahn, sondern ist all das, was kollektiv nicht angeschaut und zugelassen werden kann. Es gibt immer wieder auch medizinische Ansätze, diesen Menschen anders zu begegnen. Sie scheitern an der Unmöglichkeit, die Welt der Schizophrenie und die der Normalität zu versöhnen.

Und hier kommt immer wieder die gleiche Frage auf: Was wäre, wenn wir die Innenwelt der Schizophrenen nicht als krank einstufen würden, sondern als einen Teil unseres eigenen Bewusstseins sehen könnten, das aber in unserer Welt nicht kompatibel ist und durch die kollektive Abspaltung dämonisiert wird? Diese Kranken drücken etwas für uns aus, aber wir hören ihnen nicht zu. Wir schließen sie aus – und wir schließen sie ein. Was wäre, wenn wir die schizophrenen Inhalte als einen Teil der weit gespannten menschlichen »Normalität« annähmen? Gäbe es dann weniger Kranke? Was würde das in unserer Welt verändern, wenn wir diesen Anteilen von uns einen Platz gäben? Nicht um sie auszuleben, sondern nur, um zu wissen, dass es sie gibt und geben darf.

Ich kenne die Geschichte eines im letzten Stadium krebskranken Mannes, der aufgegeben in einer Klinik lag. Eines Tages wurde er psychotisch und schließlich sprang er aus dem Fenster in den Tod. Bei der Obduktion stellte sich heraus, dass sein Krebs – innerhalb einer Woche – vollständig verschwunden war. Und, wie mir versichert wurde, war er kein Einzelfall. Da haben wir sie im direkten Dialog miteinander, die zwei autonom gewordenen abgespaltenen Bewusstseinskomplexe. Das, was ich hier sage, gilt nicht für jede Krebserkrankung, aber es ist eine mögliche Variante. Ich bin sicher, dass es Forschungsprojekte gibt, die nach Verstehen und Lösungen suchen. Aber noch sind wir nicht dort.

In allen diesen Überlegungen und Ansätzen klingt die Hoffnung durch, das Böse funktionalisierbar zu machen, es für konstruktive, gute Zwecke einzusetzen. Nimmt man ihm damit aber nicht das Eigene, und lässt es das überhaupt mit sich machen?

Die Frage stellst du völlig zu Recht. Ich weiß es nicht. Ich habe mit meiner »Experimentiergruppe« einmal einen Zerstörungsprozess auf-, das heißt eigentlich nachgestellt, mit den Positionen »Der Ablauf der Zerstörung«, »Die Umkehr«, »Das, was nachher kommt« und »Die Weisheit der Zerstörung«. Dabei zeigte sich, dass die Zerstörungskette komplett durchlaufen werden musste, bevor die »Umkehr« aktiv wurde und sagte: »So, jetzt habe ich meinen Platz.« Umkehr ist also oft erst möglich, wenn totale Zerstörung passiert ist. Eine totale Zerstörung nennen wir Katastrophe. Das Wort »Katastrophe« kommt aus dem Griechischen und heißt nichts anderes als Umkehr. Gemeint ist damit die Umkehr beim Wagenrennen in der Arena. Der tiefste Punkt in der Elypse der Rennbahn, an dem der Wagen in die neue Richtung einschwenkt. Der tiefste Sinn einer

Katastrophe ist demnach die Umkehr, das Anfnehmen einer neuen Richtung.

Diese Prozesse kann man freilich erst im Nachhinein verstehen, interpretieren und auch bewerten. Mitten in der Zerstörungsphase ist man ja kaum dazu in der Lage, etwas Positives darin zu erkennen, da wird man nur mit- und niedergerissen.

Ich möchte die Zerstörungswut, die es auch in blinder Ausformung gibt, keineswegs verniedlichen. Aber ich möchte dem Bösen, und auch der Lust daran, Raum geben, denn der böse Anteil in uns hat keinen Platz in dieser Gesellschaft. Man muss dem Negativen, das sich zeigt, seine Würde lassen. Anders gesagt: Der Teufel wird nicht verbannt, sondern er wird hereingebeten und darf in der Runde Platz nehmen. Er gehört dazu. Das ist mir ganz wichtig.

Vielleicht ist das Böse ja auch deswegen oft so blindwütig und monströs, weil es mit aller Gewalt draußen gehalten wird!?

Das ist genau das, was ich vermute. Deswegen suche ich ja jetzt mit meiner »Experimentiergruppe« nach einem Ansatz, wie man das Böse wirklich hereinbitten kann, ohne selbst Schaden zu nehmen: In dem Wissen, dass das die zweite Hälfte des kollektiven Bewusstseins ist, und wir nur dann ganz sind, wenn neben der Liebe und dem Licht auch die Zerstörung und das Böse stehen dürfen. Diese beiden Teile, die im Grunde eins sind, gleichzeitig sehen zu können – das ist es, worum es mir geht. Wir sprechen so oft von ganzheitlichem Denken und Sehen, und vergessen dabei, was alles dazugehört. Mental und emotional halten wir vieles draußen, schließen es aus.

An dieser Stelle möchte ich gerne ein »Faust«-Zitat bringen, das zu diesem gesamten Komplex perfekt passt, und zwar die Szene aus »Faust 1«, in welcher Mephisto in die Studierstube kommt, in der Faust sitzt und ihn fragt:

»Nun gut, wer bist du denn?«

Darauf sagt Mephisto: »Ich bin ein Teil von jener Kraft, die stets das Böse will und stets das Gute schafft.«

Faust: »Was ist mit diesem Rätselwort gemeint?«

Mephisto: »Ich bin der Geist, der stets verneint! Und das mit Recht; denn alles, was entsteht, ist wert, dass es zugrunde geht; drum besser wär's, dass nichts entstünde. So ist denn alles, was ihr Sünde, Zerstörung, kurz, das Böse nennt, mein eigentliches Element.«

Faust: »Du nennst dich einen Teil, und stehst doch ganz vor mir?«

Mephisto: »Bescheidne Wahrheit sprech ich dir. Wenn sich der Mensch, die kleine Narrenwelt, gewöhnlich für ein Ganzes hält – Ich bin ein Teil des Teils, der anfangs alles war … «

Genau das ist der Punkt, auf den ich hinauswill: »Ich bin ein Teil des Teils, der anfangs alles war.« Das ist die Trennung, die in der dualen Welt geschehen ist, aber ursprünglich war es ein Ganzes. Ich glaube, dass es nichts gibt, was nicht göttlichen Ursprungs ist, also lässt Gott auch das Böse zu.

Das ist die alte Frage: Gott und Teufel als zwei voneinander getrennte Kräfte im Universum, oder letztlich doch alles eins?

In der dualen Welt sind sie natürlich getrennt. Aber erinnere dich: Luzifer war ein mächtiger Lichtengel, der in den Sturz gegangen ist, damit der andere Pol entstehen konnte. Der ist nicht irgendwie gestolpert, sondern ganz bewusst gefallen. Da hat sich eine unglaubliche Lichtqualität zur Verfügung gestellt, damit das Dunkle überhaupt entstehen kann. Denn nur in dieser

Zweipoligkeit ist die Welt möglich, sonst bleiben wir im Paradies und ewig Adam und Eva. Daher ist es mir auch so wichtig, darauf hinzuweisen, dass man dem Göttlichen im Dunklen genauso begegnen kann wie im Licht.

In vorangegangenen Abschnitten dieses Buches hast du öfter betont, dass Verwandlung und Neubeginn auch ohne Leiden möglich sein müssten. Motto: Es darf auch leicht sein. Wie stellt sich das nun in diesem Kontext dar: Braucht es doch Leiden und Destruktion?

Nicht unbedingt, denn Destruktionsprozesse erfolgen ja erst dann, wenn man nicht loslässt. In dem Moment, in dem man so bei sich selbst ist, dass man spürt, was nun neu oder anders sein kann bzw. muss, braucht es keine Zerstörung, dann erfolgt der Übergang fließend. Nur wenn man es nicht spürt, kommt es zu oft schmerzhaften Prozessen. Ich selbst habe es oft nicht gespürt. Bei mir musste einiges passieren, damit die einst verwöhnte »Prinzessin« aus ihrer Schale herauskommt und zu leben beginnt. Diese »Prinzessinnen-Phase« war gut und lustig, aber sie war keine Lebensaufgabe, kein Lebensweg. Es musste viel zerbrechen, damit ich zu mir selbst kommen konnte.

Grundsätzlich glaube ich, dass man das Böse nicht einfach aus der Welt schaffen kann, und daher ist unsere einzige Möglichkeit, dass wir es dazunehmen.

Du hast vorher angemerkt, dass du das Böse nicht verniedlichen, es andererseits aber auch nicht dämonisieren willst. Welcher Weg liegt zwischen diesen beiden Betrachtungsarten?

Die einzige Möglichkeit zwischen diesen beiden Polen ist aus meiner Sicht, das Böse so anzunehmen, wie man es gerade erlebt. Erst muss es angenommen werden, so schlimm das auch ist, das eigene Böse und das Böse, das von außen auf uns zukommt, zu bejahen. Aber nur dann kann man etwas daran ändern. Wir haben nur unser eigenes Erleben – und unseren augenblicklichen Zugang dazu.

Man kann sich das Böse aber doch auch bewusst von außen holen, etwa in medialer Darreichungsform. Man nimmt dann recht wohl am Leiden anderer teil, oft sogar in exzessiver Form!

Stimmt. In jedem von uns wohnt auch ein böser Mensch. Da wir, zumindest in unseren Breiten, weitgehend zivilisiert leben und alles zumeist »salonfähig« bleibt, braucht der böse Mensch in uns wohl diese Schreckensberichte und Horrorgeschichten. Damit werden »seine« Bedürfnisse kanalisiert. Eine der genialsten und gleichzeitig ungefährlichsten Formen einer solchen Kanalisierung ist die Literatur von Thomas Bernhard: Der hat ohne Scheu das Destruktive klug und witzig beschrieben – und zwar so, dass man sich selbst darin wiederfinden kann. Mit Bernhard kann man das eigene Böse sozusagen auf hochkultivierte Weise entladen, indem man einfach seine Bücher liest oder seine Theaterstücke anschaut. Wie bereits ausgeführt, auch ich muss den bösen Menschen in mir immer wieder herauslassen, vielleicht lese ich – auch – deswegen so gerne Thomas Bernhard ...

Wir alle müssen eine Form finden, um das Böse in uns auf lebbare Weise ausdrücken zu können. Manche trommeln zu diesem Zweck. Das kann sehr befreiend sein. Starke Rhythmen, wie sie im Jazz oder in der Heavy-Metal-Rock-Szene zum Ausdruck kommen, sind allesamt Kanalisierungen. Und das ist gut so.

Es klingt schrecklich, wenn ich das jetzt sage: Aber alle Kämpfe sind letztendlich eine Kanalisierung des Bösen in uns, die kleinen, alltäglichen und die großen. Aber was geschieht in solchen kriegerischen Abläufen? Aus der – zugegebenermaßen – »Micky-Maus-Perspektive« meiner Praxiserfahrung hat sich in mir langsam eine Vorstellung manifestiert, wie Kriege entstehen könnten. Meine Hypothese ist, dass alle Kriege als Stellvertreter-Kriege beginnen. Wahrscheinlich ist das naiv, aber ich behaupte es trotzdem. Die Menschen, die Kriege beginnen, bekämpfen, meiner Hypothese nach, unbewusst Personen und Erinnerungen aus ihrem eigenen Leben. Natürlich gehört auch eine bestimmte Charakterstruktur dazu. Aber wenn ein Mensch als Kind misshandelt, gedemütigt und gequält wird, dann tendiert er dazu, sich an der Welt zu rächen. Tief drinnen meint dieser Mensch diejenigen, die ihn gequält haben; im äußeren Bewusstsein holt er sich die Berechtigung für sein aggressives Vorgehen von außen: politische Glaubenssätze werden benützt, Gier und Machtbedürfnisse kommen dazu. Ähnlich gelagerte Menschen, und davon gibt es viele, schließen sich an. Es entsteht ein gemeinsames aggressives Potenzial. Wenn dieses Potenzial groß genug ist, beginnt es autonom zu werden, und damit ist es nicht mehr steuerbar. Sehr bald werden die darin verstrickten Menschen zu Marionetten des Geschehens, das sich verselbständigt hat. Sie verlieren die Kontrolle über die dunkle Wolke und über sich selbst. Ferngesteuert treiben sie einem Untergang entgegen. Auch die sogenannten Sieger bleiben vom Dunklen nicht verschont. Sie müssen fortan damit leben, dass auch sie gemordet und zerstört haben.

Ganz generell gesehen, ist meine innerste Überzeugung, dass es keine bösen Menschen gibt, sehr wohl aber gibt es böse Handlungen, die von Menschen ausgeführt werden, die nicht böse, sondern in großer Not sind.

Das ist eine interessante, durchaus plausible Erklärung. Es gibt neben und statt kriegerischen Auseinandersetzungen ja auch noch andere Arten von aggressiven Wettkämpfen, etwa »Fuß-

ball-Schlachten«. In den meisten Fällen bleibt es bei sportlichen Stellvertreter- oder Ersatzkriegen, mit Betonung auf dem ersten Wort, nur manchmal schlägt die produktive Ersatzhandlung um in tatsächliche kriegerische Ausmaße. Dann wird die Gewalt in und rund um Stadien unkontrollierbar. 1969 gab es einmal einen echten »Fußball-Krieg«, und zwar zwischen Honduras und El Salvador, nachdem es bei Ausschreitungen nach Spielen zwischen diesen beiden Ländern Todesopfer gegeben hatte.

Meiner Meinung nach braucht es, wenn man kriegerische Auseinandersetzungen verhindern will, eine tolerierte Form von kollektiver Entladung. Jugendliche, die Krawall schlagen, machen das oft auch für andere. Wir Menschen haben ein gemeinsames Bewusstsein, und diese Jugendlichen drücken etwas aus, was wir in uns tragen, aber nicht zulassen. Daher muss man beginnen, solche Aufruhre anders zu sehen. Wir alle haben Mörder und Heilige in uns, und wir können jeden Augenblick neu entscheiden, in welche Richtung wir uns ausdrücken wollen.

Ist deine nächtliche Begegnung mit dem Bösen, also mit dieser dunklen Wolke, ein einmaliges Erlebnis geblieben?

Bisher ja, Gott sei Dank. Ich bin damals so erschrocken, dass ich gar nicht daran gedacht habe, das zu tun, was ich meinen Klienten in solchen Situationen rate: sich nämlich hinzuwenden, auf die bedrohliche Gestalt zuzugehen und sie zu fragen: Was brauchst du, um dich zu verwandeln? Ich habe stattdessen panikartig nach Licht gesucht, das sich aber nur von weitem gezeigt hat. Ich werde mich diesem Dunkel, wie gesagt, gemeinsam mit meiner »Experimentiergruppe«, noch einmal sehr vorsichtig annähern. Wenn ich aber merke, dass ich damit nicht umgehen kann, werde ich sofort wieder aussteigen. Und das ist sehr wahrscheinlich, denn wer bin ich, dass ich glaube, das Böse erforschen zu können!? Und dennoch ... gibt es nicht vielleicht doch einen Weg des Verstehens, des Erkennens und der Integration?

4. Innere Wahrheiten

Ein Gespräch über Religion, Spiritualität und Esoterik

Gerald Schmickl: *Wie sich in deinen Texten und unseren Gesprächen zeigt, beschäftigst du dich mit sogenannten »vagen Dingen«, das heißt sinnlich nicht direkt erfahrbaren Themen und Erkenntnissen, die aus inneren Bildern, Vorstellungen, Träumen und Visionen bestehen. Damit bist du in jenen Bereichen angesiedelt, die von den empirischen »Tatsachen-Wissenschaften« gerne links liegengelassen und einem – aus ihrer Perspektive – Graubereich aus Para-Wissenschaften, Religion und Esoterik überlassen werden. Wie würdest du deine Art der Erkenntnisgewinnung selbst beschreiben?*

Christl Lieben: Ich glaube, dass sie jedenfalls nicht esoterisch ist. Ich suche nicht esoterisch, sondern vermutlich in einer spirituellen Weise. Aber vielleicht sollte ich einmal sagen, was ich darunter verstehe. »Esoterisch« ist für mich schon fast ein Schimpfwort, und bezeichnet vorwiegend jene Leute, die ständig nach höheren oder niederen Geistern suchen oder nach bestimmten Gegenständen, die irgendetwas bewirken. Das ist für diejenigen, die das anwenden, schon in Ordnung, aber es ist nichts für mich. Der Begriff selbst, der ja auf das Innere hinweist, würde grundsätzlich passen, aber er ist für mich verschlissen und zu oft missbraucht worden.

»Spirituell« bedeutet für mich das Angeschlossensein an einen geistigen Weg, der eine Ernsthaftigkeit hat und Betroffenheit erzeugt. Esoteriker sind nicht »betroffen«, sie betreiben – zumindest in meiner Wahrnehmung – einen Kult. Menschen, die sich spirituell orientieren, lassen sich betreffen von Inhalten, von Fragen, von Erlebnissen. Sie lassen sich von etwas berühren, das über das Alltägliche und das Erklärbare hinausgeht. Und das geht meistens in das Religiöse hinein, wobei jeder seinen eigenen Zugang dazu hat: es können konservative Katholiken genauso spirituell sein wie Ungläubige. Es geht mir um das Suchen von etwas und das sich Betreffen-Lassen von einem Weg.

Du fühlst dich also in der Nachbarschaft der Religion deutlich wohler als in der Nachbarschaft der Esoterik?

Nein, nicht der Religion, sondern der Spiritualität. Religion ist für mich ein System, das die meisten Menschen davon abhält, dort hinzukommen, wo sie hinkommen möchten. Ich glaube, es war Oscar Wilde, der gesagt hat: »Religionen sind die Gewänder des Glaubens, nur leider sind sie schlecht geschnitten.« Das sehe ich auch so. Es ist immer ein Hineingezwängtwerden in ein System, das man zum Teil bejahen kann, aber nicht zur Gänze. Es engt ein, auch wenn der Grundgedanke der »religio«, des Zurückbindens, ein guter ist.

Wie weit können und sollen sich Psychotherapie und Spiritualität einander annähern?

Sie müssen sich nicht annähern, aber es tut gut, wenn sie es tun. Man kann ruhig psychotherapeutisch mit jemandem arbeiten, ohne einen spirituellen Hintergrund zu haben, man arbeitet dann eben ganz konkret mit den Themen, die diesen Menschen betreffen. Das ist mir aber zu wenig, da die meisten Probleme und Fragen, die Menschen haben, von einer spirituellen Warte aus betrachtet viel tiefer und ganz anders zu verstehen und einzuordnen sind. Wenn man nach der Sinnhaftigkeit eines Ereignisses sucht, ist man automatisch im spirituellen Bereich. Weil man dann nach dem Sinn hinter den Geschehnissen fragt, und das ist für mich eine spirituelle Frage.

Ich glaube nicht, dass es darum geht, fromme Sprüche zu klopfen; man muss auch gar nichts über die eigene Spiritualität in der psychotherapeutischen Arbeit sagen. Wenn ich in meiner Herzenstiefe bin, dann spüren das meine Klienten, und wenn wir Glück haben, öffnet sich dabei auch ihre Herzenstiefe. Damit entsteht die Basis für eine spirituelle Arbeit ganz von selbst.

In den Texten und Gesprächen zeigt sich aber doch eine starke Verbundenheit mit der christlichen Religion, vor allem der katholischen Kirche, die in fast jedem Kapitel vorkommt, wenn auch hauptsächlich in Form von Auseinandersetzung und Reibung. Du betonst zwar, dass du den Glaubensinhalten und -verkündigungen des Katholizismus nicht folgst, trotzdem könnte der Eindruck entstehen, dass du ihm strukturell näher bist, als du vielleicht selber glaubst.

Das hat mehrere Gründe. Erstens bin ich in die christliche Kultur hineingeboren und in ihr aufgewachsen, und das ist eine lebenslängliche Konditionierung. Und zweitens sind diejenigen Menschen, mit denen ich mich intensiv und nachhaltig über meine Ideen auseinandersetze, fast alle Theologen. Einer meiner wunderbarsten Gesprächspartner ist ein deutscher Psychoanalytiker, der auch Theologe ist. Dadurch kommt mir die christliche Symbolik und Sichtweise immer näher. Ich bin sehr bewusst aus der katholischen Kirche ausgetreten, weil ich ihren Umgang mit Menschen und die gesamte Leidenskultur nicht bejahen konnte. Auch die Zeremonien einer Messe sind mir komplett fremd. Nach meinem Austritt habe ich sehr intensiv mit der Zen-Meditation begonnen. Und dann ist etwas Erstaunliches passiert: Dass ich nämlich im namen- und gestaltlosen Bereich den christlichen Hintergrund wieder besser verstehen konnte. Erst seit ich aus der Kirche ausgetreten bin und lange genug im Widerstand war, tue ich mich mit der Kirche wieder leichter, weil ich ihr Glaubenssystem aus dem Schweigen heraus zum Teil verstanden habe. Ich weiß zwar, dass ich nicht dazugehöre, aber ich weiß auch, dass dort sehr viel Weisheit, Wissen und Sehnsucht nach dem Göttlichen beheimatet ist. Ich unterscheide sehr stark zwischen der Amtskirche, mit der ich nichts am Hut habe und haben will, und dem Christentum als Kultur. Es ist ein ganz wichtiger Kulturträger, dem wir wissenschaftlich, künstlerisch und musikalisch sehr viel zu verdanken haben. Eine schöne Kirche und eine wunderbare Musik können in die tiefste Verbundenheit mit Gott führen, auch wenn man einen namenlosen Gott in sich trägt. Für mich erschließt sich alles über den non-verbalen Weg.

Es ist freilich interessant, dass du zur Zen-Meditation und zur Zen-Welt ausgerechnet über einen katholischen Weg kamst …

… ja, weil ein Priester, mit dem ich einmal eine Auseinandersetzung hatte, sagte: »Was willst du denn, wir haben ja auch Zen-Meditation!« Und da bin ich dann hingegangen …

… und nun führt dich, wie du erzählst, dieser Weg umgekehrt wieder in gewisser Weise zum Christentum zurück.

Ja, aber ohne mich zugehörig zu fühlen. Ich fühle mich aber auch, wenn ich meditiere, nicht der Religion des Buddhismus verpflichtet. Ich möchte außerhalb jeder Religion bleiben. Ich nehme von überall her, was für mich gut ist. Das werfen mir manche Leute auch vor.

Aber du kommst natürlich schon alleine durch die Themen, die dich beschäftigen, in das »Feld« der christlichen Kirche: durch die universelle göttliche Liebe, die anfängliche Gestalt etc. Mit deinen Bildern, Vorstellungen und Symbolen dazu trittst du fast zwangsläufig in Konkurrenz zu den anerkannten Religionen.

Ich würde nicht von Konkurrenz sprechen, ich nehme und hole mir einfach von da und dort, was in mein persönliches »Gebäude« passt und was ich von innen her bejahen kann.

Es ist aber vielleicht doch kein Zufall, dass es so viele Theologen in deiner Umgebung gibt, die sich mit dir zusammen-, aber auch auseinandersetzen. Da kommen diese Systeme in Berührung, aber auch in Reibung.

Ja, das stimmt. Da reiben sich die Systeme. Aber ich kann auch nur mit Theologen reden, die meine Haltung und meine Kirchenferne akzeptieren. Und sie selbst sind in ihrer Art auch meistens kirchenfern.

Naturgemäß können Theologen mit dir und deinem ideellen »Überbau«, der, wie gesagt, strukturell ähnlich ist, leichter etwas anfangen als mit Atheisten oder Hardcore-Materialisten, für die alle diese Systeme – ob sie nun Religion, Spiritualität oder Esoterik heißen – nur unterschiedliche Formen von Einbildung sind. Mit denen ist ein Dialog viel schwerer zu führen.

Wenn ich mit Menschen rede, die du Materialisten nennst, oder auch mit konservativen, »kirchentreuen« Denkern, die nie hinterfragen, was sie eigentlich denken, ernte ich einen unglaublichen Protest. Da gibt es heftige Befehdungen.

Wie gehst du damit um?

Ganz einfach: Ich zucke mit den Schultern und sage: »Wenn Sie das glauben – oder eben nicht glauben – wollen, dann tun Sie es doch! Ich habe keinerlei Interesse, Sie zu bekehren. Das ist meine Meinung, und das ist Ihre.« Und dabei kann ich es belassen. Das Komische ist nur, dass diese Leute dann nachbohren und nicht aufgeben; sie drängen und fragen, weil es ihnen nicht willkommen ist, wenn ich sage, dass es mir gleichgültig ist, was sie glauben oder nicht glauben. Sie wollen mich zu ihrer Meinung bekehren – oder zumindest meine Meinung zu Fall bringen.

Oder es steckt unterbewusst eben doch mehr Interesse dahinter …

… das sie aber nicht zugeben können. Aber das ist ein fruchtloser Dialog.

Wie sieht es in dieser Hinsicht, also spirituell, in der Therapieszene aus? Da gibt es ja auch die verschiedensten Richtungen und Annäherungen.

Dazu möchte ich eine Geschichte erzählen. Es kam eine Frau zu mir, die unter beruflicher Überlastung litt und ausdrücklich sagte, sie wolle in der Therapie keine spirituellen oder religiösen Themen berühren. Dann haben wir also brav an ihren Organisations- und Berufsthemen gearbeitet, später auch an ihren persönlichen Problemen – das Ganze ging über zwei Jahre, wenn auch in größeren Abständen. Als die Therapie zu Ende ging, sagte diese Frau zu mir: »Ich meditiere jetzt übrigens in einem buddhistischen Zentrum. Sie haben zwar nie etwas darüber zu mir gesagt, aber Sie haben es so stark ausgestrahlt, dass es bei mir ankam.«

Ich habe tatsächlich nie etwas gesagt, aber das ist eine Form der Übertragung. Das passiert mir öfter. Ich erinnere mich an einen Mann aus einer Gruppe, der in seiner Aufstellung eine Deutung und eine Lösung auf einer ganz vordergründigen und alltäglichen Ebene gesucht hat. Alle Angebote seiner Aufstellung, auf den Hintergrund seiner Geschichte zu schauen, hat er abgelehnt. Nach einer Woche kam er zu mir und sagte: »Jetzt möchte auch ich einen spirituellen Weg gehen. Können Sie mir dabei helfen?« Solche Dinge passieren.

Es besteht, und das werden Kollegen bestätigen, eine tiefe Sehnsucht nach Geborgenheit und einem sinnhaften Weltgefüge. Diese Suche wird aber nicht eingestanden. Und die Kirchen liefern dazu wenig Brauchbares. Wenn jemand mit meiner Art der Arbeit in Kontakt kommt, dann wird diese Sehnsucht anscheinend wachgerüttelt – und sie wird aktiv, ohne dass man etwas tun muss. Das ist für mich jedes Mal eine große Freude – und ein großes Geschenk.

War das schon von Beginn deiner therapeutischen Tätigkeit an so – oder hat sich das erst im Laufe der Jahre entwickelt?

Es ist viel stärker geworden. Es kommen mittlerweile auch Leute, die nur mehr ihre spirituellen Themen oder Fragestellungen mit mir bearbeiten wollen. Die haben gar keine »persönlichen« Themen mehr.

Ich bin durch eigene massive Krisen gegangen, bevor ich mit der Psychotherapie begonnen habe, und in dieser Zeit begann ich, ganz intensiv spirituell zu arbeiten. Ich bin also schon sehr auf spirituelle Themen bezogen in diese Arbeit eingestiegen, und dadurch ist dieser Fokus von Anfang an präsent gewesen. Aber die Leichtigkeit und Schnelligkeit, mit der Menschen in diese Themen hineingeraten, hat sich mit der Zeit natürlich verändert und ist viel stärker geworden.

Daran schließt sich eine prinzipielle Frage an: Ob nicht viele deiner Themen und Vorstellungen mit dem Älterwerden, also mit dem – sagen wir – letzten Lebensdrittel zu tun haben, weil man sich in dieser Spanne weiter öffnen und freier bewegen kann? Das ist auch eine Imagefrage: Es kann dir ja, salopp gesagt, nunmehr viel eher egal sein, was man von deiner Arbeit und deinem Ansatz hält. Du gehst deinen Weg, brauchst dich nicht darum zu kümmern, was andere Therapeuten davon halten.

Das ist völlig richtig. Im Alter treten auch die akuten Lebensthemen zurück, das eigene Schicksal beruhigt sich, vieles wird weniger wichtig. Dadurch entsteht automatisch Raum für andere Inhalte. Das ist ein selbstverständlicher Prozess – zumindest dann, wenn man ein Suchender ist. Ich würde mich selbst als einen suchenden Menschen bezeichnen, das ist meine Grundhaltung.

Hast du in dir eine Vorstellung, dass es eines Tages – es muss nicht unbedingt der »Jüngste« sein! – eine Art von Bestätigung gibt für die Themen und Erkenntnisse, mit denen du dich beschäftigst? Und wie würdest du damit umgehen, wenn sie sich als komplett richtig – oder als komplett falsch herausstellten?

Ich muss vorausschicken, dass ich niemanden bekehren will – und ausschließlich meinen Weg gehe. Wem dieser Weg auch liegt, der geht ihn ein kleines Stück mit mir, aber ich habe keinerlei Interesse, meinen Weg irgendjemandem anzubieten oder aufzudrängen. Meine tiefste Erkenntnis ist, glaube ich, die, dass alles seinen Platz hat, und zwar wertfrei. Aus dieser Erkenntnis heraus lebe ich, und die logische Folge daraus ist für mich das Bewusstsein dieser Liebe, aus der die Schöpfung besteht – und dass die Schöpfung von einer liebenden, heilenden Heiterkeit getragen ist. Das ist meine innere Wahrheit geworden, aus der heraus ich lebe. Und dass diese liebende, heilende Heiterkeit für jeden Menschen da ist und ihn umfängt, ob er davon weiß oder nicht. Das ist meine Weltsicht, und die ist ja nicht meine Erfindung, sondern ich bin da in ein »Wissensfeld« eingetreten, habe es in mir aufgenommen.

Diese Haltung bewahrt jedenfalls vor Sektierertum, denn sie kann jeden dort belassen, wo er ist und gerade steht.

Genau. Und jeder hat das Recht, sich meiner Sichtweise zu verweigern. Das ist mir ganz wichtig.

Du bezeichnest dich gerne als Suchende, also, dass du Themen suchst. Aber in gewisser Weise finden sie dich ja auch. Meine Frage wäre, ob diese inneren Bilder und Erkenntnisse aus dir kommen, oder ob sie über dich kommen?

Du meinst, ob sie von innen oder von außen kommen? Es gibt beides: ein Hinausrufen und Suchen – mit Echo und Antworten; und es gibt ein inneres Aufsteigen und Bewusstwerden. Bei der Liebe frei von Mitgefühl war es ein intensives Suchen, weil ich in Not war. Und jetzt, bei der Anfänglichen Gestalt, bin ich wieder in Not, da meine Augen immer schlechter werden. Anscheinend neige ich dazu, ziemlich heftig hinauszurufen, und dann fallen mir eben Dinge ein und zu. Es ist eigentlich ein unspektakulärer Vorgang. Ich stelle mich auf etwas ein, meistens in der

Meditation, aber zum Beispiel auch beim Wandern, also immer dann, wenn ich mir selbst überlassen bin, und dann kommen diese Bilder. Auch beim Geschirrwaschen oder Duschen ...

... beim Duschen rieselt es gleichsam auf einen herab ...

Ja, genau. Meine Morgendusche hat mir schon viele brauchbare Einfälle gebracht.

Es gibt ja auch eine Art von medialer Übertragung, also dass Menschen bestimmte Bilder und Erkenntnisse »empfangen« können, indem sie einen Frequenzbereich öffnen, der anderen Menschen verschlossen bleibt. Hast du in dieser Richtung auch Erfahrungen gemacht? Und hältst du das überhaupt für möglich?

Ja, ich halte es sehr wohl für möglich. Aber man muss sehr genau unterscheiden: Es gibt einige wenige sehr begabte Menschen, die auch seriös mit dieser Gabe umgehen, und es gibt viele Schausteller, die das nur imitieren, und viele »Quatschtanten«, denn meistens sind es Frauen. Damit habe ich nichts am Hut, es ist mir lästig und peinlich – vor allem diese epidemische »Channeling«-Kultur, wo irgendjemand die Augen nach oben verdreht und etwas von sich gibt, was ihm angeblich das Jenseits verkündet hat. Das grassiert wie eine Krankheit – und ist sicher nicht das, was ich suche, und auch nicht das, was ich für seriös halte, denn diese Leute phantasieren ihre eigenen Geschichten und stülpen sie anderen über. Ich kenne aber auch seriöse Menschen, die wirklich damit umgehen können. Aber solche Menschen sind selten. Es ist eine Qualität, die ich nicht habe. Ich bin intuitiv, so wie jeder, der mit Menschen arbeitet, eine intuitive Schulung hat. Wenn man viel Erfahrung hat, laufen intuitive Prozesse sehr rasch – und man bekommt ganz schnell eine Idee. Aber nicht, weil man »gechannelt« hat, sondern einfach durch Übung. Ich bin jedenfalls kein Kanal – oder nicht mehr oder weniger, wie jeder Mensch ein Kanal sein kann. Jeder Mensch sagt manchmal die erstaunlichsten Sachen aus dem Augenblick heraus. Ich glaube, dass es generell ein kollektiver Trend ist, wieder mehr in diese non-verbalen Ahnungsräume hineinzukommen.

Du warst eine Zeit lang auch als Astrologin tätig, und verwendest deren Einsichten und Symbole auch jetzt noch gerne. Zu dieser Disziplin, die natürlich auch sehr umstritten ist, hast du sichtlich kein Abgrenzungsbedürfnis!?

Manche verwenden die Astrologie als Wahrsagekunst, für mich ist sie die Möglichkeit, einem Menschen seine innere Anlage, sein inneres Bild, seinen Schicksalsauftrag nahezubringen. Bei Menschen in Krisensituationen verengt sich alles, und sie leben nicht mehr ihr volles Potenzial. Meine Aufgabe bestand dann oft darin, diesen Menschen ihr Potenzial, das im Horoskop deutlich war, wieder zugänglich zu machen, damit sie in ihrer Krise wieder weiter und beweglicher werden. Auch den Sinn und die Dauer der Krise konnte ich ihnen meistens sagen. Es ging dabei darum, die schweren Aspekte, die diese Krise auslösen, zu nützen, um die notwendige Entwicklung in dieser Zeit zu machen. Denn gerade da sind alle Türen offen für Entwicklung. Das war also mein Zugang zur Astrologie, Menschen ihr Potenzial zugänglich zu machen. Jetzt verwende ich sie kaum noch, da ich die Horoskope nicht mehr lesen kann. Außerdem habe ich in einer körpertherapeutischen Ausbildung gelernt, die Themen meiner Klienten mit meinen Händen an ihrem Körper zu finden. Sie sind ja im Körper gespeichert, im sogenannten Zellgedächtnis – und das kann man erspüren. Seitdem ich das kann, brauche ich die Horoskope nicht mehr.

Der Begriff des »Jenseits« ist vorher schon einmal kurz gefallen. Hast du so etwas wie einen Jenseits-Glauben – oder ist das, was man gerne Jenseits nennt, für dich vielleicht sogar durchaus ein Diesseits?

Da stellt sich für mich die Frage, was du mit »Jenseits« meinst: ein Fortleben nach dem Tod, oder eine nicht sichtbare Welt?

Ich habe mehr an das Fortleben gedacht, das meistens mit dem Begriff verbunden wird, aber es gibt natürlich auch andere Vorstellungen.

Also das Fortleben nach dem Tod ist für mich völlig selbstverständlich.

Und wie ist es mit dieser »nicht sichtbaren Welt«: Was für eine Rolle spielt diese Vorstellung für dich?

Eine sehr wesentliche. Die jüdische Mystik nimmt diese anderen Räume ganz bewusst in ihr System hinein. Sie sagt, dass alles Sichtbare eine Entsprechung im Unsichtbaren hat – und dass das zusammengehört. Nachdem mich diese Haltung sehr berührt, verstehe ich seitdem auch die Bibel anders. Seit acht Jahren habe ich eine »Bibel-Runde«, in welcher wir biblische oder spirituelle Themen aufstellen. Die Bibel ist für mich ein Text, der nicht von Gott kommt, sondern von Menschen, die Gott suchen, und die in ihrer Suche in diese unsichtbare Welt hineinragen. Wenn man die Bibel wortwörtlich liest, kommt man dort nicht hin, aber durch Aufstellungen habe ich begriffen, welches unglaubliche Potenzial hinter diesen Worten ist. Auch das hat mich dem Christentum wieder nähergebracht.

Gut, dass du das Thema »Aufstellungen« erwähnst, denn darauf wollte ich auch noch eingehen. Aufstellungen sind ja für dich eine Anschauungsmöglichkeit für deine Themen, eine Art Experimentierfeld. Gibt es daneben noch andere Methoden?

Also das Erste ist für mich die Meditation oder meine meditative Haltung, das ist die Quelle. Und das, was aus dieser Quelle kommt, teste ich dann in Aufstellungen. Nicht immer, aber fast immer. Wenn es ganz tief persönlich ist, bleibt es bei mir. Wenn es aber in einer bestimmten Weise und in einem größeren Rahmen anwendbar sein könnte, dann geht es in die Experimentierphase. Dafür habe ich eine wunderbare »Experimentiergruppe«, mit sehr erfahrenen Leuten, die aus meinen Lehrgängen stammen und inzwischen eine Art Familie für mich geworden sind. Sie gehen sehr offen und bereitwillig mit den Ansätzen mit, die ich ihnen bringe. Diese Gruppe gibt mir sehr viel Raum für meine Experimente – und an ihr kann ich erkennen, was ich korrigieren, was ich weiterentwickeln muss.

Das ist also ein verlässliches Eichinstrument für deine Ideen und Thesen …

Richtig, und wenn ich mit dem, was ich in der »Experimentiergruppe« getestet habe, hinausgehe in Selbsterfahrungsseminare oder auf Tagungen, dann sind das die zweiten Eichinstrumente, bevor ich damit mit meinen Klienten arbeite.

Du entwickelst also für jedes deiner Themen ein Format, mit dem du dann arbeitest.

Ja, diese Formate sind alle von mir selbst durchlebt, bevor ich sie auf den »Markt« bringe. Ich habe mich also mit jedem dieser Themen selbst sehr intensiv auseinandergesetzt, bevor ich sie anbiete. Etwa das Thema »Angst und Liebe«: Da bin ich selbst durch tiefe Ängste gegangen, bevor ich der Liebe begegnete – und dann ein Format daraus machte. Ich kann Themen, die ich selbst intensiv erlebte, auch anders begleiten, weil mein Erlebnisfeld trägt, und ich an den anderen selbst die kleinsten Signale erkennen und einordnen kann.

Zum Abschluss dieses Gesprächs möchte ich noch das Thema der sogenannten »sinnvollen Zufälle« ansprechen, also das, was C. G. Jung »Synchronizitäten« nennt. Jeder kennt das: Man denkt an jemanden, und plötzlich kommt derjenige bei der Tür herein oder ruft an. Diese »Zufälle« gibt es in allen Komplexitätsgraden. Mathematisch kann man für sie stets ein Wahrscheinlichkeitskalkül berechnen, aber man hat doch immer eine vage Ahnung von Zusammenhängen, wenn man solche Phänomene erlebt. Wie siehst du das?

Für mich sind das keine Zufälle, sondern Bewusstseinsfelder, die stark wirken. Das ist meine Interpretation. Es gibt ja solche Felder, die weit über Länder und Kontinente hinweg wirken, sodass dann plötzlich Erfindungen an mehreren Stellen gleichzeitig gemacht werden. Meine Idee von der Liebe frei von Mitgefühl wurde etwa gleichzeitig von Helen Stewart, einer Amerikanerin, die ich für das beste und seriöseste »Channel«-Medium halte, »erfahren«. Sie ist aus einer Ohnmacht erwacht – und hatte plötzlich diese Vorstellung einer, wie sie es nennt, »neutral love«. Das ist praktisch derselbe Begriff. Das heißt, ich bin hier draufgekommen, sie ist in Amerika draufgekommen – und viele andere Menschen wieder woanders. Das sind Felder, die sich auf diese Weise äußern. Ich glaube nicht an Zufälle.

5. »Mir ist immer alles zugefallen«

Erinnerungen an Badezimmergespräche und andere biografische Stationen

Ein Lebensmosaik

Da in den vorangegangenen Texten und Gesprächen immer wieder Bezüge zu Christl Liebens Leben aufgetaucht sind, und sie, wie sie selbst sagt, viele Bilder, Motive und Visionen ihrer Arbeit aus ihrem eigenen Lebensweg schöpft, habe ich sie ersucht, mehr darüber zu erzählen: ein kleines Lebensmosaik auszubreiten, das erkennen lässt, auf welchem biografischen Humus das eine oder andere Ideenpflänzchen sprießt. Diese Pflänzchen sollen damit nicht in ihrer allgemeinen Gültigkeit relativiert werden, sondern vielmehr ihre vitalen, lebenserprobten Wurzeln zeigen.

Christl hat, nach einigem Zögern, zugesagt, nachdem ich – und einige andere Wohlmeinende – sie überzeugt hatten, dass es dabei mehr um eine ergänzende Verständnishilfe und die Vervollständigung eines bereits da und dort angelegten Bildes geht, als um das In-den-Mittelpunkt-Rücken eines privaten Lebensvollzugs. Jedes Leben hat, wenn man es genauer betrachtet, etwas Gleichnishaftes, folgt einem inneren Muster, dessen Gewebe aus mehr als einem einzelnen Faden besteht. (Gerald Schmickl)

Ich habe eine sehr gute Erinnerung an meine Kindheit, denn meine Eltern waren glücklich verheiratet. Das ist schon einmal ein wichtiges Startkapital. Mein Vater war auf der einen Seite Unternehmer, auf der anderen Seite Philosoph: Er hat philosophische Texte geschrieben und sich mit spirituellen Themen und Yoga beschäftigt. Er war evangelisch und ein Freigeist, meine Mutter hingegen war katholisch – und das in einem sehr strengen Sinne. Zwischen diesen beiden Lagern bin ich aufgewachsen. Ich bin zwar in katholischen Jugendgruppen gewesen, aber das klerikale Geschehen ist mir fremd geblieben. Daran hat sich bis heute nichts geändert. Es gab einen jungen, offenen Priester, der mit uns Jugendlichen sehr nett umgegangen ist, aber schon er hat zu meinen Eltern gesagt: »Ihre Tochter wird einmal aus der Kirche austreten.« Und so ist es dann ja auch gekommen. Der hat mich schon früh erfasst.

Das Bild meines Vaters steht deutlich vor mir.

Als ich als junges Mädchen, mit 15, 16 Jahren, begann auszugehen, kam ich oft erst in den Morgenstunden nach Hause und traf meinen Vater im Badezimmer an. Er saß in der Badewanne und hatte ein Nudelbrett darüber gelegt, worauf er seine philosophischen Texte schrieb.

Ich setzte mich neben ihn, und er erzählte mir mit leuchtenden Augen von seinen neuesten Gedanken. Ich verstand natürlich überhaupt nichts davon, aber ich war unglaublich stolz, dass mein Vater mit mir über seine Gedanken sprach. Das waren geistige Samen, die er damals in mir angelegt hat.

Er stand immer um vier Uhr früh auf und begann zu schreiben. Tagsüber war er in seiner Firma – einem Edelmetallunternehmen –, und abends schrieb er wieder. Von seinem Wesen her war er ein Abenteurer. Er war dazu bestimmt, die Firma seines Vaters zu übernehmen, hat sich davor aber ein Jahr ausbedungen, um durch die Welt zu reisen. Er war länger in Indien, lernte dort Yoga und wurde zum Vegetarier (der er dann auch lebenslang geblieben ist). Wenn wir später in den Sommerferien nach Grado fuhren, machte mein Vater am Meeresufer Yoga-Übungen. Ich genierte mich maßlos, es war mir schrecklich peinlich. Er lud auch »Pendler« und Leute, die Energiearbeit machten, nach Hause ein – und auch dieses seltsame bunte Völkchen war mir unangenehm und peinlich. Im Gegensatz zu seinen philosophischen Gedanken blieb mir seine Annäherung an esoterische Themen fremd.

Aus heutiger Sicht würde ich sagen, dass mein Vater ein absoluter Avantgardist war – denn derlei Sachen und Personen waren zu dieser Zeit, also zu Beginn der 1950er Jahre, überhaupt nicht üblich. Er gab auch den Arbeitern seiner Firma in der Früh – auf umgedrehten Holzkisten sitzend – Yoga-Unterricht. Kürzlich traf ich bei einer Firmenfeier einen ehemaligen Lehrbuben meines Vaters, der jetzt ein alter Herr ist, und der erzählte mir, dass man meinen Vater, wenn man ihn mittags in seinem Büro aufsuchte, oft im Kopfstand antraf. Und in dieser Haltung verblieb er auch, wenn er mit einem sprach.

Mit meiner Mutter musste ich in die Kirche gehen, niederknien und Buße tun. Das war ein völlig anderes Programm, das nicht meines war. Es ergab sich also ganz natürlich und organisch, dass ich mich auf die Freigeistseite meines Vaters schlug – und später aus der katholischen Kirche austrat. Ich glaubte dann für längere Zeit an gar keinen Gott. Ich kann mich noch gut erinnern, wie ich durch den Wald ging und es herrlich fand, an nichts zu glauben.

Mein Bruder (neben ihm gab es noch vier Halbgeschwister aus einer früheren Ehe meines Vaters) befehdete später meinen spirituellen Weg, als ich längst wieder zu glauben begonnen hatte, mit allem Nachdruck. Wir liebten uns zwar heiß, aber wir stritten viel und oft. Er war eine Art »Salon-Kommunist« und warf mir immer vor, dass ich es mir zu leicht mache. Ich erläge einer Selbsttäuschung und blendete die dunklen Seiten des Lebens aus. »Die sehe ich schon«, erwiderte ich ihm, »aber deswegen muss ich ja nicht drinnen sitzen bleiben!« Ich wollte ihn keineswegs überzeugen, sondern nur meine Ruhe haben, aber er blieb hartnäckig und versuchte, mich seinerseits zu bekehren. Erst ganz zum Schluss, vierzehn Tage vor seinem Tod, schaute er mich an und sagte: »Ich sage dir jetzt etwas: ich glaube an Gott.« Das war wunderbar, für uns beide.

Ich sehe es heute so: Er war als Atheist hoch spirituell. Als Mensch war er zwar vorwiegend dem Dunklen zugeneigt, doch als Architekt hat er die hellsten und lichtesten Bauten verwirklicht. Diese Spaltung zwischen Dunkel und Hell kam wohl von unserer Mutter, die eine sehr kluge und helle Frau war, aber ihre strenge Religiosität war von einem strafenden und rächenden Gott dominiert. Ihr Schwarz-Weiß-Denken dehnte sie auch auf uns aus: Ich als Abtrünnige war »schwarz«, mein Bruder – als Art Ersatzpartner für sie, vor allem nach dem Tod unseres Vaters – war »weiß«. Mit diesen Hell-Dunkel-Kontrasten wuchsen wir auf, und jeder von uns verarbeitete sie anders: Mir – als astrologischem Zwilling – war die Verbindung des Gegensätzlichen wichtig, und schließlich ist es mein Lebensthema geworden. Mein Bruder ging mit der Spaltung anders um: Da er von der Mutter quasi vergöttert wurde, musste er die dunkle Seite überbetonen. Nur wenn man das Allernegativste ausspricht, ist man an der Wahrheit dran – das war sein Prinzip.

Nach dem Abschluss des Gymnasiums fand ich, dass Theaterregie eigentlich etwas für mich wäre, und trat zur Aufnahmeprüfung im Wiener Reinhardt-Seminar an – gemeinsam mit Elisabeth Orth: sie wurde aufgenommen, ich fiel durch mit Schillers Monolog aus der »Jungfrau von Orleans«. Bei der Prüfung war allerdings ein Mann dabei, der junge Leute für einen Film suchte. Er bot mir die Möglichkeit einer Rolle an. Ich fand das großartig. Es wurden Probeaufnahmen von mir gemacht und für gut befunden. Ich kam in die engere Wahl, und ein Termin für einen Probedreh wurde fixiert. Eines Morgens saß mein Vater an meinem Bett, raufte sich die Haare und beschwor mich: »Bitte, Christi, mach das nicht. Geh nicht zum Film, dort gehörst du nicht hin!« Er war zwar in seiner Jugend selbst sehr unbürgerlich, aber das mit dem Film war für ihn unvorstellbar. Da ich meinen Vater über alle Maßen liebte, sagte ich ab. Das war das Ende meiner Filmkarriere.

Daraufhin begann ich an der Universität Wien Theaterwissenschaften zu studieren, mit Schwerpunkt Regie. In der Studentengruppe kam sehr bald die Idee auf, ein ans Studium an-geschlossenes Theaterprojekt zu machen. Ich begann, es mit anderen gemeinsam zu organisieren. Wir hatten schon einen geeigneten Raum im Palais Palffy gefunden. Doch der damalige Ordinarius der Theaterwissenschaften verbot es uns. »Entweder Universität oder Theater« hieß es. Ich war enttäuscht und sehr desillusioniert.

~

Nach zwei Semestern fuhr ich für ein paar Wochen nach England und spielte in Laiengruppen Theater. Dort hatte ich einen schweren Unfall: Ich stürzte von einer Mauer und zog mir eine Gehirnblutung zu. Ich hätte eigentlich eine Zeit lang im verdunkelten Zimmer liegen sollen, stattdessen fuhr ich weiter zu einem Segelabenteuer nach Frankreich – dort bin ich dann vollends zusammengebrochen.

In Wien konnte man so lange nach dem Unfall medizinisch nicht mehr viel machen. Ich hatte ständig Kopfweh und war jedenfalls nicht mehr in der Lage, weiter zu studieren. Ich arbeitete stattdessen ein halbes Jahr im Flüchtlingslager in Traiskirchen. Meine Aufgabe war es, mit anderen gemeinsam die – damals, 1956 – vor allem ungarischen Flüchtlinge aufzunehmen und den Weitertransport in andere Länder zu organisieren. Dabei wurde ich tief in die Schicksale dieser Menschen verstrickt. In dem Lager fanden sich viele Paare. Ich kann mich erinnern, dass mein Vater für eine Reihe dieser Paare Eheringe anfertigen ließ, und ich war ihre Trauzeugin am Standesamt von Traiskirchen. Ich liebte diese Tätigkeit im Lager, es war meine erste Erfahrung, mit und für Menschen zu arbeiten. Es war eine Art Sozialarbeit.

In der letzten Schulklasse war einmal ein Berufsberater bei uns und hat uns gefragt, was wir einmal machen wollen. Damals habe ich geantwortet, ich möchte Psychologie studieren und mit Menschen arbeiten, worauf er meinte: »Nein, dafür sind Sie zu sensibel, das halten Sie nicht aus. Sie haben künstlerische Talente, die sollten Sie fördern.« Daraufhin begann ich mit der Theater- und Schauspielsache, aber nur als Ausweichmanöver. Als ich im Lager mit den schweren Schicksalen konfrontiert wurde, wusste ich, das ist der Anfang meines Weges.

~

Nach dem halben Jahr in Traiskirchen gab ich mein Studium endgültig auf und bewarb mich bei den »Jeunesses Musicales« für die Abonnentenbetreuung. Das ist eine musikalische Organisation, die 1945 in Belgien gegründet wurde, um jugendliche Musiker und ein junges Publikum für Konzerte zu fördern. Als ich bei der Wiener Sektion anfing, war bereits Joachim Lieben, mein späterer Mann, der Chef in Österreich. Ich wollte zuerst nur ein paar Wochen aushelfen, da aber bot mir Joachim das Sekretariat der »Jeunesse« an. Und so begann unsere gemeinsame Geschichte, und aus Joachim wurde Jochi.

Wir hatten uns auf eine sehr eigenartige Weise kennengelernt: Ich war mit einem sehr lustigen Mann in einem Konzert im Wiener Musikverein – und der machte ständig Witze, sodass ich in einem fort lachen musste, es aber nicht laut tun durfte, also schüttelte es mich richtiggehend. Plötzlich legte sich von hinten eine Pranke auf meine Schulter, und jemand sagte genervt: »Könnt Ihr nicht endlich ruhig sein!« Das war Jochi – und es war unser erster körperlicher Kontakt ...

Bei der »Jeunesse« war ich seine Sekretärin und wuchs immer mehr in eine Kommunikationsrolle hinein. Es war damals eine Aufbruchszeit in Wien: Joachim förderte die Neue Musik und gab ihr in der allgemeinen Musikszene viel Raum: Boulez, Nono, Stockhausen, Kagel, Cerha, Ligeti – sie alle traten bei uns auf und lösten Beifallsstürme und wilde Proteste beim Publikum aus. Sogar Tomaten flogen von den Balkonen des Mozartsaals auf das Podium, es war eine köstliche Zeit. Und es war auch die Zeit von Dichtern wie Gerhard Rühm, H. C. Artmann und Wolfgang Bauer, um nur einige zu nennen. Und in der Malerei gingen die Sterne der Phantastischen Realisten am Horizont auf. Es gab ein interkulturelles Netzwerk in der Wiener Kunstszene – dazu gehörten auch die mit uns befreundeten Kultur-Journalisten der Wiener Tageszeitungen und einige Konzertveranstalter. Wir hatten damals das Gefühl, als beherrschten wir Wien – allerdings nicht im Sinne einer Machtausübung. Was uns verband, war unser gemeinsames Anliegen, neue Kunst auf allen Gebieten in Wien zu etablieren – und zu feiern. Das war Ende der 1950er und Anfang der 1960er Jahre. Es war die freieste und unbeschwerteste Zeit meines Lebens – nicht die tiefste, aber die schönste, mit dieser unglaublichen Vielfalt an Kultur. Nach den Konzerten gingen wir mit den Künstlern aus, mit Menschen wie Bruno Walter oder Otto Klemperer. In der Dirigierklasse von Hans Swarowsky haben junge Männer wie Zubin Mehta oder Claudio Abbado begonnen – und auch sie gehörten bald zu unserem Kreis. Zubin Mehta spielte im Jeunesse-Orchester Bass – daraus entstand eine lebenslange Freundschaft.

Otto M Zykan, last, but not least, war uns nahe wie ein Bruder. Ein Avantgarde-Künstler von großer Vielseitigkeit, hoch sensibel und immer in revolutionärer Stimmung. In unseren Konzerten spielte der geniale Pianist Schönberg wie kein anderer, später wurde er Komponist und Schriftsteller. Die Libretti zu seinen Opern schrieb er selbst, sie waren dadaistische Meisterwerke, scharf, witzig, völlig ungerecht und sehr wahr. Mit seiner »Staatsoperette« entfachte er einen Skandal, der das Parlament und die dort agierenden Herren in heftigen Aufruhr brachte. Das Ergebnis war, dass die katholische Kirche ihn ausschloss. Wir waren sehr stolz auf ihn.

1959 heirateten Jochi und ich, und 1961 kam unsere gemeinsame Tochter Alexandra zur Welt. Für Jochi, einen Freiheitsmenschen, war das System Ehe allerdings nicht geschaffen, obwohl wir uns sehr geliebt haben. Es war einfach nicht seins. Als unser Kind kam, wurde ihm das rasch zu viel – eine weitere Bindung hielt er nicht mehr aus. Er schaute sich nach neuen Beziehungen und Liebschaften um. Irgendwann wusste ich, dass ich gehen muss – und so ließen wir uns 1964 scheiden.

Ab dem Scheidungstag war er dann aber verlässlich an meiner Seite – bis zu seinem Tod. Wir hatten allerdings keine Mann-Frau-Beziehung mehr. Ich brauchte Jahre, um darüber hinwegzukommen. Ich war bis dahin behütet aufgewachsen in einem Elternhaus, in dem ich die Welt nur als heil erlebt hatte – und plötzlich passierte das. Jochi aber ließ mich nie los, ich ihn wohl auch nicht. Ich glaube, wir beide gingen durch viele Prozesse, bis unsere Beziehung in einer liebenden Freundschaft mündete, die bis zu seinem Ende währte.

Für unsere Tochter waren die unterschiedlichen Phasen und Zustände ihrer Eltern schwer zu verkraften. Sie lebte zwar bei mir, aber sie sah ihren Vater regelmäßig und liebte ihn sehr. In gewisser Weise war er ihre Mutter und ich ihr Vater. Er sorgte dafür, dass sie etwa ein Nähzeug auf ihren Schulreisen mithatte; um solche kleinen Dinge konnte er sich wunderbar kümmern. Während ich mich um die großen Sachen kümmerte, wie zum Beispiel um die Wahl der Schule. Alexandra hat viele seiner Talente geerbt: Musikalität, Organisationsbegabung und vor allem die Fähigkeit, in und mit großen Systemen zu arbeiten.

~

Nach unserer Scheidung hörten wir beide auf, bei den »Jeunesses Musicales« zu arbeiten. Er baute mit viel Erfolg die Konzertagentur »Stimmen der Welt« auf – und ich wurde von einem Freund für das Sekretariat seiner Goldschmiedewerkstatt angeworben. Das war zwar langweilig, aber ich machte es eine Zeit lang. Ich schaute oft den Goldschmieden zu, ihre Arbeit wurde immer spannender für mich, und schließlich reichte ich bei einem Designwettbewerb einen eigenen Entwurf ein – und gewann einen Preis.

Ich wechselte als Lehrling hinüber in die Werkstatt, machte die Gesellenprüfung und bald danach – das ging zu dieser Zeit noch ohne Meisterprüfung – eröffnete ich meine eigene Werkstatt. Da ich schon damals Probleme mit meinen Augen hatte und mich mit feineren Nuancen schwertat, entwarf ich bald nur mehr und hatte zwei wunderbare Goldschmiede, die meine Entwürfe umsetzten. Wir gewannen noch weitere Preise.

~

Bereits zu Zeiten meiner Ehekrise begann ich, mich mit Astrologie zu beschäftigen. Mit meiner Mutter konnte ich über meine Schwierigkeiten nicht reden – sie war so katholisch, dass Scheidung nicht in Frage kam –, also ging ich zu einer Freundin meiner Eltern, einer Sinologin, die auch Astrologie betrieb. Sie wurde in gewisser Weise zu meiner »Seelenmutter« und bald darauf zu meiner Astrologielehrerin. Immer wieder geschah es mir, dass Menschen sich in mein Leben stellten, um mir ihr Können weiterzugeben. Ich fühlte mich sehr geborgen bei ihr, sie rettete in dieser Zeit mein »emotionales Leben«. Bis zu ihrem Tod blieb ich an ihrer Seite, wir waren innig verbunden, ich habe ihr sehr viel zu verdanken.

Ursprünglich hatte ich die Astrologie eher nur ihr zuliebe gemacht, aber als ich nach ihrem Tod ihre gesamten Materialien erbte, begriff ich, wie ernst es ihr damit war, mir ihr Wissen weiterzugeben, und erst jetzt begann ich, Astrologie wirklich zu lernen. Dabei half mir ein hellsichtiger Astrologe, den ich – noch über sie vermittelt – in Rom kennengelernt habe, Francesco Waldner. Er war damals ein Star, hat u.a. den Schah von Persien und Herbert von Karajan beraten. Er war in der Wiener Szene heftig umschwärmt. Die Damen der Wiener Gesellschaft saßen um ihn herum und säuselten: »Francesco, wo steht meine Venus? Wann lerne ich wieder einen Mann kennen?« Er hat das alles mit Würde hingenommen – und dabei finanziell ordentlich abgeräumt …

Er wurde mein Lehrer; nur indem er mit mir sprach, begriff ich schon unendlich viel. Ich war dann als Astrologin sehr aktiv. Eines Tages sagte er: »Zu dir kommen die Menschen mit all ihren Seelenproblemen. Das würde ich nicht aushalten. Die Italiener wollen immer nur über drei Dinge Bescheid wissen: Liebe, Macht, Geld. Aus. Damit kann ich gut leben.«

Ich betrieb die Astrologie neben der Goldschmiederei, denn es stellte sich heraus, dass die Leute, die bei mir Schmuck kauften, mir gerne auch von ihren Problemen erzählten. Ich war damals bei einem Neurologen (Professor Hellmuth Petsche) in Psychotherapie, um meine Scheidung zu verarbeiten. Er machte mir Mut, die Astrologie beruflich zu beginnen – und später wurde er mein erster therapeutischer Lehrer. Das kam so: Ich fragte ihn, ob er meine Astrologie-Klienten therapeutisch weiter begleiten würde, und er antwortete: »Nein, Sie sind als Psychotherapeutin begabt, ich werde Ihnen meine Methode beibringen, und Sie werden das selber machen.« Dieses Gespräch war eine Schlüsselstelle in meinem Leben. Er arbeitete nach den Prinzipien des Katathymen Bilderlebens, und das wurde meine erste Ausbildung.

~

Die Hinwendung zum Bereich der Psychotherapie brachte eine verstärkte Auseinandersetzung mit spirituellen Fragen mit sich. Von Anfang an war für mich der Mensch auf seinem Weg mit dem Thema der Spiritualität untrennbar verbunden.

Es gab, wie ich schon erwähnte, diese Zeit, als ich an nichts glaubte, und das war eine sehr angenehme Zeit. Andererseits begann ich früh, nach meiner inneren Wahrheit zu suchen; ich fand sie halt nicht in einer bestimmten Religion. Im Freundeskreis hatten wir einen Priester, den ich einmal heftig attackierte, was die katholische Kirche betraf. Er verteidigte sich und erzählte mir, dass im Rahmen der katholischen Kirche sogar Zen-Meditation angeboten wird. Darauf sprang ich sofort an und fuhr zu dem genannten Zen-Lehrer nach Salzburg. Er zeigte mir die entsprechende Sitzhaltung – und das war's: Seitdem bin ich in gewisser Weise nicht mehr aufgestanden. Er vermittelte mich dann an seinen japanischen Meister weiter, an Nagaya Roshi.

Ziemlich zur gleichen Zeit traf ich Pater Enomiya-Lassalle, bei dem ich jedes Jahr ein Sesshin machte.

Nagaya Roshi war für mich sehr beeindruckend: ein kleiner Mensch, dessen Füße – wenn er auf einem Sessel saß – den Boden nicht berührten. Aber er war eine einzigartige Persönlichkeit: ein Mann, der den Raum mit seiner Präsenz füllte. Er löste in uns allen – das waren Gruppen von bis zu vierzig Leuten – eine tiefe Ehrfurcht aus. Er kam regelmäßig nach Österreich, nach Zwettl im Waldviertel, weil ihn die Gegend an Japan erinnerte. Ich fuhr viele Jahre dort hin; erst später, als er schon gebrechlich war, kam er auch nach Wien.

Einmal kam ich mit einem Hexenschuss nach Zwettl, in meinem damaligen Auto, das sehr niedrig war. Ich stieg gewissermaßen rechtwinkelig aus, ich konnte mich nicht aufrichten. Ich ging über eine Marmortreppe, rutschte aus und polterte die gesamte Treppe hinunter. Dabei schlug ich mir zwar mein Knie auf, aber der Hexenschuss war plötzlich weg! Ich konnte mühelos aufstehen – und eine ganze Woche lang schmerzfrei in der Meditation sitzen. Ich bilde mir noch heute ein, dass das ein »Geschenk« von Nagaya Roshi war – ich war in das ordnende Feld geraten, das solche Menschen umgibt. Dieses Feld wirkt auch, wenn man nicht mit ihnen zusammen ist – es genügt, wenn man in innerer Verbundenheit mit ihnen meditiert hat.

Es gab jeweils kurze Einzelgespräche mit ihm – und die wenigen Sätze, die er zu mir sagte, wirkten oft ein ganzes Jahr nach. Sein Feld ist auch in und rund um seine Schüler erhalten geblieben – ich kann es heute noch spüren. Es besteht aus Stille, Weite, Größe und Klarheit. Die Verbundenheit, die durch die Meditation mit seinem Feld entstand, brachte mich damals wie ein Tragflügelboot aus meiner Krise heraus.

Ich habe Nagaya Roshi neun Jahre lang besucht, immer in Österreich. Ich wollte einmal nach Japan und eine Zeit lang in einem japanischen Kloster verbringen, aber davon riet er mir ab. »Das ist nichts für Sie«, sagte er, »Sie gehören mit der Meditation hinaus ins Leben, nicht ins Kloster.« Also bin ich nicht hingefahren.

Als ich das letzte Mal bei ihm war, sagte er mir, dass ich keinen Meister mehr suchen soll und alles Weitere in Zukunft in mir selbst stattfinden wird. Ich ging sehr verwirrt aus diesem Gespräch, ahnte auch nicht, dass es das letzte sein würde. Kein Meister mehr …? Der Boden schwankte unter mir.

Dennoch meldete ich mich sehr schnell bei Pater Lassalle zu einem Sesshin an. Er starb am ersten Tag des Seminars. Dann versuchte ich noch, bei zwei weiteren Meistern anzudocken, auch sie starben, bevor ich mich anmelden konnte.

Erst dann nahm ich den Ratschlag von Nagaya Roshi ernst und suchte keine weiteren Lehrer mehr.

Einmal fragte mich jemand, wer die wichtigsten Menschen in meinem Leben sind. Meine Antwort war: »Meine Tochter und Nagaya Roshi.«

Die gestalt- und namenlose Stille, die Nagaya Roshi ausstrahlte, hat meinen Weg bestimmt. Dafür sind keine Worte nötig. Und das ist bis heute so geblieben: Erst die Stille der Meditation macht es möglich, dass in mir Worte und Bilder auftauchen, mit denen ich lebe und arbeite. Es ist anders als bei meinem Vater, der darum ringen musste. Ich sitze – und es kommt einfach. Das ist wunderbar.

~

Im Anschluss an das Katathyme Bilderleben machte ich drei Jahre lang in Deutschland eine Ausbildung in Atem- und Stimmarbeit vor dem Hintergrund der Tiefenpsychologie von C. G. Jung, die sogenannte »Initiatische Therapie« nach Karlfried Graf Dürckheim. Hildegund Graubner, die eine Schülerin von ihm war, wurde meine Lehrerin. Bei ihr erfuhr ich sehr wesentliche Dinge über den Gebrauch der Stimme, des Atems und über den Zusammenhang zwischen Körper und Geist. Außerdem hatte diese Frau, so wie ich, einen Zen-Hintergrund. Daher fühlte ich mich in ihrem therapeutischen Ansatz sehr zu Hause.

Als ich damit fertig war, gab ich meine Goldschmiederei endgültig auf und arbeitete ausschließlich als Psychotherapeutin. Ich machte weitere therapeutische Ausbildungen. Meine Neugier und Freude an unterschiedlichen Methoden kannten keine Grenzen. NLP kam dazu und die »Osteophonie«, eine weitere Stimmausbildung, die aus Frankreich kommt. Diese Richtung basiert auf den Erkenntnissen des HNO-Arztes Alfred Tomatis, der herausgefunden hat, dass wir bereits im Mutterleib über die »Knochenleitung«, also über das Felsenbein, die Stimme der Mutter wahrnehmen und dadurch mit ihren Sorgen und Problemen Kontakt bekommen. Ein Schüler von Tomatis, François Louche, hat darauf basierend eine Stimmarbeit entwickelt, die bis in die tiefsten Schichten und in die frühesten Lebenszeiten hinabreicht. Das war für mich eine ganz entscheidende Methode. Mit dieser Arbeit wird man von schmerzhaften Erfahrungen im Mutterleib und in den ersten Lebensjahren befreit. Wir waren in der Ausbildung rund zwanzig Leute und obwohl wir weitgehend »durchtherapiert« waren, hörten wir drei Jahre lang nicht auf zu weinen – so intensiv wirkte diese Arbeit und so viel an schmerzhaften Erfahrungen war in uns allen verborgen. Gleichzeitig kam immer mehr Leichtigkeit in unser Leben, je mehr Ballast wir abwerfen konnten. Das alles nur mit unserer Stimme.

Anschließend kam die systemische Aufstellungsarbeit in mein Leben und veränderte mein ganzes Weltbild nachhaltig. Ich machte bei Matthias Varga von Kibéd in München die Ausbildung und genoss jede Minute seines geistigen Feuerwerks, das aus einem wunderbar warmen Herzen kommt. Als Abschluss setzte ich noch eine systemische Supervisionsausbildung in Österreich drauf. Dann war es genug. Von 1976 bis 1996 machte ich – selbstverständlich berufsbegleitend – eine Ausbildung nach der anderen, und jede einzelne begeisterte mich als wunderbares neues Instrumentarium. Das systemische Denken aber ist die Krone meines beruflichen Weges und wird es auch bleiben.

Im Lauf der Jahre amalgamiert man alle diese Methoden und verschmilzt sie zu einer eigenen Form. Wenn ich Aufstellungen begleite, dann sind alle anderen Methoden darin enthalten. Die systemische Aufstellungsarbeit ist die integrativste Methode, und sie ist mir – vom Gedankenansatz her – auch die wichtigste geworden. Ich habe zwar schon vor meinem Kontakt zu Matthias Varga von Kibéd gewusst, dass die Aufstellungsarbeit meine Hauptmethode ist, aber erst durch ihn und seinen beeindruckenden philosophischen Hintergrund verstand ich, warum das so ist.

2003 begann ich, selbst Ausbildungen anzubieten. Dabei habe ich erfahren, wie gerne ich lehre und weitergebe. Dennoch hörte ich nach fünf wunderbaren Lehrgängen wieder auf damit und wandte mich anderen Themen zu. Immer noch kennt meine Neugier keine Grenzen.

~

Ich arbeite jetzt schon seit Jahrzehnten als Psychotherapeutin und ich liebe meine Arbeit noch immer. Sie bewegt sich lebendig in mir. Das, was mich am meisten interessiert, ist der äußerste Rand des menschlichen Bewusstseins. Dort, wo wir dem Unbekannten und dem Bodenlosen begegnen. Und dem, was dadurch in uns und um uns geschieht. Daher arbeite ich gern mit sehr schweren Fällen und sozial ausgegrenzten Menschen. Ich habe mit schwer Behinderten, Kriminellen, Suchtkranken und Außenseitern jeder Art gearbeitet. Durch diese Menschen habe ich erfahren, dass das Licht in unserer tiefsten Tiefe durch keine wie immer geartete Belastung, auch wenn sie jenseits alles menschlich Erträglichen ist, zerstört werden kann – und dafür bin ich ihnen unbeschreiblich dankbar. Diese Botschaft hat mir kein Meister beigebracht – vielleicht waren diese Menschen meine Meister.

Jetzt, in meinem Alter, bin ich selbst Grenzgängerin geworden und versuche, in meinen Arbeitskonzepten mögliche Räume jenseits der Grenzen auszuloten. Ich suche Wege, um in den mir bisher ungekannten Räumen ein tieferes Verstehen, neue, nicht erkannte Zusammenhänge und Heilungsansätze zu finden. Ich bin auf Abenteuerreise und habe das Glück, dass es Menschen gibt, aus meinem Freundeskreis und aus dem Teilnehmerkreis meiner Lehrgänge, die bereit sind, mit mir auf diese Reise zu gehen. Hoffentlich wissen sie, wie wichtig sie mir sind und wie unbeschreiblich dankbar ich ihnen dafür bin.

~

Rückblickend auf die Erzählung meines Werdeganges fällt mir auf, dass da etwas fehlt. Das Bild ist keineswegs vollständig. Und zu meiner Gegenwart habe ich auch noch einiges zu sagen.

Was an dieser Geschichte fehlt, aber unbedingt dazugehört, ist der Aspekt der Prinzessin, die lange ihren elfenbeinernen Turm nicht verlassen hat.

Ich war die verwöhnte Tochter aus reichem Haus. Irgendjemand hat einmal über mich – als junges Mädchen – gesagt: »Sie nimmt sich einfach alles, was sie will, und sie bekommt es auch.« Mir war das nicht bewusst, aber es wird schon so gewesen sein. Ich bin voll Vertrauen ins Leben hinausgetanzt, und das Leben hat mir alles geschenkt. Es war scheinbar für mich da. Viele Jahre später habe ich beschlossen, meine Haltung grundlegend zu ändern und nun von mir aus ganz und gar für das Leben da zu sein, mich sozusagen zur Verfügung zu stellen für die Menschen, die mich brauchten. Das war ein »edler« Entschluss, der naturgemäß in ein gewaltiges Burn-out mündete. Letztendlich habe ich begriffen, dass das Leben und ich füreinander da sind. Diese Erkenntnis hat große Erleichterung und viel Freude in mein Dasein gebracht.

Damals aber, in meinen jungen Jahren, lebte ich unbekümmert in den Tag hinein. Alle Türen standen mir offen, es gab keine Hindernisse, kein »Nein«. Jahrelang war ich ein Partygirl, vor meiner Ehe und nach meiner Scheidung wieder. Ich habe es geliebt, schnelle Autos sehr schnell zu fahren, Kleider von Armani zu tragen, mein Studieneifer nach der Matura hielt sich in Grenzen. Die Bars und Jazzlokale der Wiener Innenstadt waren unsere Tummelplätze. Ich bewegte mich in Gruppen von bunten Vögeln: Musikern, Journalisten und Spinnern aller Art. Aus dem gesetzten Wiener Bürgertum waren nur einzelne ausgewählte Exemplare mit dabei.

Wien, diese Stadt voll Kultur, hatte in diesen Jahren eine sehr lebendige Kleinkunst-Szene. Wir hörten in unseren Stammlokalen mit Freude Louise Martini, Georg Kreisler, Gerhard Bronner mit Peter Wehle und Cissy Kraner mit ihrem Hugo Wiener singen; Fatty George, Bill Grah und Uzzi Förster begeisterten uns mit ihrem Jazz, und im Halbdunkel dieser Nächte tauchte immer wieder schemenhaft die massige Gestalt von Helmut Qualtinger auf. Ich habe seine Stimme noch im Ohr, wenn er in kurzen Statements das Leben kommentierte.

Ich war damals grenzenlos naiv, eben die Prinzessin aus dem elfenbeinernen Turm. Ich hatte keinerlei soziales oder politisches Interesse, geschweige denn ein Verständnis dafür. Es ist mir peinlich, das zu sagen, aber es ist die Wahrheit. Später dann ist mir das Leben so gründlich und nachhaltig auf die Zehen gestiegen, dass ich nicht umhin konnte, meine fehlenden Lektionen nachzulernen.

Die 1968er Jahre gingen spurlos an mir vorüber. Ich war mit Menschen aus den unterschiedlichsten sozialen Richtungen befreundet, ihr finanzieller oder gesellschaftlicher Hintergrund, woher sie kamen, war für mich kein Thema, sondern wie sie dachten und handelten, war entscheidend. Jetzt im Rückblick weiß ich, dass ich Menschen gesucht habe, die, so wie ich, fragend im Leben standen. Aber meine Fragen waren nicht politischer Art, ich fragte auch nicht nach dem Sinn des Lebens. Der kam mir jeden Augenblick aus dem, was mir widerfuhr und was ich erlebte, entgegen, denn der Sinn des Lebens ist – zumindest für mich –, es zu leben, gleichgültig ob die Sonne scheint oder ein Schneesturm braust. Dann stellt sich der Sinn ganz von selbst heraus. Vorausgesetzt natürlich, dass wir das Leben bejahen, so gut es geht, und von innen her gestalten, so gut wir können.

Ich aber fragte nach dem Wesen meiner und unser aller Existenz. Ich erwartete keine Antworten, ich wollte meine Fragen teilen. So ist es auch heute noch. Jetzt, im Alter, so spät erst, meine ich, die Spur des Wesens unserer Existenz zu finden – in Form der Anfänglichen Gestalt. Ich kann niemandem beschreiben, wie sehr mich das bereichert. Und natürlich – auch diesen Weg möchte ich mit anderen teilen.

In mir ist seit jeher ein tiefer Ernst, den ich in meiner Jugend nur mit meinem Vater teilen konnte; erst in der Lebensmitte traf ich auf Gesprächspartner, die zu mir gehörten. Das Partygirl hat ihren Ernst wie einen geheimen Schatz in sich verborgen und gehütet.

Wenn ich jetzt diese Zeilen schreibe, dann spüre ich wieder all das Vergnügen und den Übermut dieser Zeiten und gleichzeitig die Melancholie der inneren Einsamkeit; ich war allein mit meinem fragenden und suchenden Ernst. Wenn ich zurückdenke, dann glaube ich, dass es vielen von uns ähnlich gegangen ist.

Wir hatten damals einfach keine Sprache für diese Regionen unserer Seele.

Heute ist das anders. Ich habe kostbare Menschen gefunden – und sie sind meine Freunde geworden, die diesen Ernst, dieses Fragen und Suchen mit mir teilen. Und, es ist wunderbar, sie teilen auch das Lachen mit mir. Das Lachen, das genauso wichtig ist wie der Ernst. Sie gehen mit mir und ich mit ihnen. Das macht mein Leben reich.

Aber das größte Wunder und Geschenk meines Lebens sind meine so geliebte Tochter Alexandra und ihre Kinder Max und Amelie. Alexandra lebt seit 1986 in Los Angeles. Ihre Kinder sind inzwischen erwachsen und gehen voll Neugier in die Welt. Alexandra war und ist eine wunderbare Mutter. Leider sehen wir uns nicht oft, aber wir sind innigst verbunden. Wir haben es gelernt, uns quer über das große Wasser und zwei Kontinente nahe zu sein.

~

Als Abschluss meines Textes zu mir selbst möchte ich noch einen Ort beschreiben, der für Alexandra, die Kinder und mich eine Seelenheimat ist, die uns glücklich macht und eine davor nie gekannte Geborgenheit gibt. Für mich ist dieser Ort mein Lebenszentrum – und daher gehört er hier erwähnt.

Es ist ein altes Bauernhaus, das ganz allein auf einer weiten Wiese steht. Eine steile Straße führt hinauf, die nicht jedes Auto zulässt. Das Haus schaut einerseits hinunter ins Tal auf einen See, andererseits in alte Zwetschgenbäume – wir nennen sie den »Rat der Weisen« – und auf einen kleinen Bauerngarten. Es schaut aber auch in die Weite einer sanften Landschaft und hinüber zum Waldrand, aus dem Rehe furchtlos näher kommen, um meine Rosenknospen oder abgefallenes Obst zu fressen. Ein tiefer Friede und eine weiche Stille liegen über dem Ganzen. Es ist ein Refugium, nicht nur für meine Familie und mich, sondern auch für meine Freunde und Klienten geworden. In diesem Haus träumte ich die wichtigsten Träume, und in dieser abgelegenen Ruhe habe ich die fruchtbarsten Gedanken.

Mein liebster Platz ist die Türschwelle des Hauses. Dort sitze ich ganz still und staune über mein Leben. Nirgends auf der Welt bin ich mir und meinem Leben so nahe wie auf dieser Schwelle mit dem Blick über die Wiese zum Waldrand und in den Blumenwirbel meines kleinen Gartens. Nirgendwo wird mir so sehr bewusst, wie reich mein Leben ist und wie dankbar ich bin, dass es immer leichter und freier fließt. An dieser Schwelle erlebe ich immer wieder das, was möglicherweise andere Menschen in Kirchen, Tempeln und Moscheen erleben. Eine namen- und gestaltlose Präsenz umhüllt mich, und ich spüre die Liebe der Schöpfung durch mich hindurch und aus meinem Herzen fließen. Hier begegnete ich zum ersten Mal der Liebe, die mich wollte und will. Da, an dieser Schwelle, bin ich »angekommen« und komme immer wieder aufs Neue an – wo auch immer das sein mag.

~

Ich bin 77 Jahre alt und mir geht es so, wie vermutlich den meisten Menschen in diesem Alter. Mein Tod liegt zwar in der Zukunft, aber er begleitet mich als kommende Tatsache. Die Gegenwart des Todes öffnet das Leben bis auf den Grund, und diese Öffnung in die bodenlose Tiefe meines Lebens macht alles so kostbar. Nirgends spüre ich das so intensiv wie hier in diesem Bauernhaus und seiner Umgebung. Jetzt weiß ich, dass ich nicht zu den Menschen gehöre, die ewig leben wollen, sondern dass meine Endlichkeit ein immer größeres Geschenk darstellt. Das alles gilt für das Ereignis meines Todes, vor dem Sterben hingegen fürchte ich mich – ich glaube, das ist normal.

Ich habe die Musik gefunden, die den weiten Bogen des Weggehens aus dem Leben in all seiner Vielschichtigkeit am besten ausdrückt. Es ist der vierte Satz der neunten Symphonie von Gustav Mahler. Immer wieder sitze ich auf meiner Türschwelle und höre, gemeinsam mit meinen Blumen und Obstbäumen, diese Musik, um anschließend offen und voller Zuwendung meinem Alltag zu begegnen. Ich spüre mein Leben und ich liebe mein Leben.

Nachwort

Das Buch war schon fast fertig erlebt, gedacht, geschrieben, da wurde ich von meiner Augenärztin gefragt: »Welchen Titel wird Ihr Buch haben?« »Die Liebe kommt aus dem Nichts«, war meine Antwort. Verblüfftes Schweigen auf der anderen Seite, und dann kam wie aus der Pistole geschossen: »Aus Nichts kommt nichts, also ist die Liebe nichts.« Verblüfftes Schweigen auf meiner Seite. In unserem gemeinsamen Gelächter schlug mein ganzes Buch einen Purzelbaum und löste sich im Nichts auf.

Das ist es, was ich am Wiener Wortwitz so liebe, mit einem Handstreich verändert er die Welt.

Wenn Sie dieses Buch zu Ende gelesen haben, dann haben Sie die Wahl, all das, was Sie erfahren haben, in sich hineinzunehmen, oder nur einen Teil davon oder einen Purzelbaum zu schlagen und im Nichts zu landen. Wenn Sie die letzte Möglichkeit wählen, dann gehen Sie gut essen und machen Sie sich einen schönen Tag. Lassen Sie sich vom Nichts begleiten und genießen sie es.

Möglicherweise allerdings wird Ihnen aus diesem Nichts mit der Zeit ein Echo auf Ihr Leben, auf Ihr Sein entgegenkommen und Sie werden beginnen, sich an sich selbst zu erinnern. Nichts auf der Welt kann uns so reich beschenken wie das Nichts. Ich habe diese Erfahrung gemacht und bin unendlich dankbar dafür.

Viel Glück auf Ihrer eigenen Reise!!!

Danksagungen

Mein innigster Dank gilt all jenen Menschen, die mich in ihrer wunderbaren und einzigartigen Weise auf dem Entstehungsweg dieses Buches begleitet haben:

Lieber Gerald,
dieses Buch gäbe es nicht ohne dich. Meine Augen streiken, sie wollen kaum mehr lesen und schreiben. Da bat ich dich, mir zu helfen. Du hast im Dezember 2011 ein Interview mit mir gemacht, dabei habe ich deine unvergleichliche Art zu fragen kennengelernt. Ich weiß nicht, wie du das machst, aber jede deiner Fragen, die eigentlich ganz »harmlos« klingen, öffnen bei mir Tür und Tor bis in die Tiefe meiner Gedanken, Bilder und Erinnerungen. Deine vielschichtige Persönlichkeit ist wohl der Nährboden, aus dem deine Fragen entstehen und deine differenzierte Sichtweise auf das Leben.

Du warst sofort bereit, mir zu helfen, hast dir für dieses Buch, das jetzt unser Buch ist, sehr viel Zeit genommen. Ich habe es restlos genossen, von dir interviewt zu werden und anschließend deine Kommentare zu meinen Texten zu hören und zu diskutieren. Wir haben schöne Tage am Land verbracht, vergraben in unsere Arbeit und vergnügt mit deinen und meinen Freunden.

Liebe Vera,
wir waren zu dritt. Du warst mit deinen Transkriptionen unserer Interview-Texte, die du in rasender Eile und Professionalität zustandegebracht hast, an der Seite von Gerald und mir. Du hast mir die fertigen Texte immer wieder vorgelesen, weil ich sie ständig veränderte, dabei hast du nie die Geduld und dein Lachen verloren. Dein Sprachgefühl war ein kostbarer Ratgeber.

Liebe Ricarda, lieber Albrecht, lieber Herwig, meine »Mondseher« und du, lieber Peter, da draußen in Deutschland, auch euch habe ich unendlich viel zu verdanken. Peter, Albrecht und Herwig, ihr gehört zu meinen wundersam gebildeten Freunden, die mit einschlägigen Zitaten und Sprüchen an meiner Seite waren, wenn ich an meinen Gedankengängen gezweifelt habe. Wie das Kaninchen aus dem Hut habt ihr entsprechende Textstellen hervorgezaubert, die mir wieder Sicherheit gegeben haben, meinen Gedanken und Konzepten weiter zu folgen. In endlosen Diskussionen mit euch konnte ich meine Ideen entwickeln und musste sie durch eure unbeirrbar kritischen Fragen immer präziser formulieren. Es war ein Hochgenuss.

Ricarda, du hast mich mit deiner naturgegebenen weiblichen Weisheit intuitiv verstanden und mir das in ein paar kostbar klaren Sätzen vermittelt und dabei gelächelt. Wissen kann manchmal so einfach und klar sein, wenn jemand wie du es ausspricht.

Liebe Louise,
in deiner Gegenwart habe ich gewagt, meine innersten Bilder vor dir auszubreiten und zu entwickeln. Du hast mir mit deinem tiefen Verständnis Mut gemacht, diese Bilder und Empfindungen ohne Angst, missverstanden zu werden, in das Buch hineinzunehmen. Das werde ich dir nie vergessen.

Liebe Margit und liebe Almerie,
Eure kritischen Kommentare waren goldeswert und haben dem Buch und mir sehr geholfen. Euer Sprachgefühl ist mein Vergnügen.
Ich umarme euch.

Liebe Experimentiergruppe,
Ihr seid mit großer Geduld, einem offenen Herzen und einem offenen Geist mit mir unterwegs und geht auch dann mit mir, wenn ich suchend taste. Ihr stellt euch mit eurem ganzen Potenzial rückhaltlos zur Verfügung und seid mit Kommentaren und auch der notwendigen Kritik an meiner Seite. Ihr sollt wissen, wie wichtig ihr für mich seid und wie ich unsere Abende genieße.

Alexandra, meine so geliebte Tochter,
das für mich schwierigste Kapitel dieses Buches habe ich in deinem Haus in Los Angeles geschrieben mit Blick auf deine blühenden Rosen, umgeben von deiner liebevollen Gegenwart. »Die Anfängliche Gestalt« war mein schwierigstes Kapitel. Ich habe während des Schreibens meine Gedanken entwickelt, verworfen, neu formuliert. Die Stille deines Hauses war dafür ein wunderbarer Platz. Schon einmal habe ich in deinem Haus ein Buch geschrieben, weil ich in deiner Nähe zutiefst bei mir ankommen kann.

Ich danke dir, Maxi und Amelie, deinen Kindern, täglich, dass es euch gibt, und ich danke euch für die Liebe, die uns alle verbindet. Diese Liebe gibt mir Mut, all das zu schreiben, was in mir entsteht, sie gibt mir Mut zu mir selbst ...

Liebe Dagmar,
last, not least, du meine einfühlsame, klare Lektorin, die zu meinen verschiedenen Ideen und Ansätzen »Ja« sagt. Mit diesem Ja

in mir bin ich immer wieder ein Stück weitergegangen in meiner Arbeit an dem Buch und habe voll Vertrauen weitergeschrieben. Das ist ein unschätzbares Geschenk, das du deinen Autoren machst … Du bist ein kostbarer Mensch, es ist so schön, dass wir uns begegnet sind.

Glossar

Dietrich Bonhoeffer
1906–1945 (gest. im KZ Flossenbrügge), deutscher lutherischer Theologe und Widerstandskämpfer.

Karlfried Graf Dürckheim
1896–1988, deutscher Diplomat, Psychotherapeut und Zen-Lehrer. Er ist der Begründer der Initiatischen Therapie. In dieser Therapieform verschmolz er mehrere psychologische Richtungen, insbesondere die analytische Psychologie von C. G. Jung und körperbezogene Therapieformen (u.a. von Wilhelm Reich). Dabei geht es um die Auflösung seelisch bedingter leiblicher Verspannungen mittels körpertherapeutischer Verfahren. Sein zentrales Anliegen ist es, den Körper zu einem Gefäß des Geistes zu machen. Die Aufarbeitung biographischer Themen dienen nicht dem Selbstzweck, sondern einzig und allein dem Ziel der Öffnung für den Geist.

Masaru Emoto
Geboren 1943, japanischer Parawissenschaftler und Alternativmediziner. Er beschäftigt sich seit Anfang der 1990er Jahre mit Wasser und vertritt die Auffassung, dass Wasser die Einflüsse von Gedanken und Gefühlen aufnehmen und speichern kann.

Feldenkrais
Körpertherapie, welche nach ihrem Begründer, dem israelischen Physiker und Judolehrer Moshé Feldenkrais (1904–1984), benannt ist. Sie orientiert sich am Prinzip des sogenannten organischen Lernens, eines somatischen Bewegungslernens. Die Feldenkrais-Methode besteht aus zwei eng miteinander in Verbindung stehenden Techniken namens »Bewusstheit durch Bewegung« und »Funktionale Integration«.

Bert Hellinger
Geboren 1925, deutscher Familientherapeut. 1952 zum Priester geweiht, war er viele Jahre lang Leiter einer südafrikanischen Missionsschule. Seit den späten 1970er Jahren entwickelte er, unter Abwandlung von Methoden der systemischen Familientherapie, die Grundlagen der Familienaufstellung. Er ist aufgrund mancher Aussagen und Auftritte umstritten.

Katathymes Bilderleben
Die »Katathym-imaginative Psychotherapie« ist ein vom deutschen Psychiater und Psychotherapeuten Hanscarl Leuner (1919–1996) eingeführtes tiefenpsychologisches Verfahren, das auch unter den synonymen Begriffen »Katathymes Bilderleben« und »Symboldrama« bekannt geworden ist. Die Methode geht davon aus, dass Bilder und Vorstellungen, die während des Tages in unseren Gedanken ablaufen, unbewusste Konflikte und Gefühle widerspiegeln. In Zusammenarbeit mit einem Therapeuten wird versucht, bewusst Tagträume hervorzurufen, die unter einem bestimmten Thema stehen. Die dabei entstehenden Bilder werden dann zusammen mit dem Therapeuten gedeutet. Das Beiwort »katathym« soll deutlich machen, dass diese Vorstellungen »aus dem Gefühl heraus«, also nicht willentlich gesteuert werden.

Jiddu Krishnamurti
1895–1986, indischer Philosoph, Autor, Theosoph und spiritueller Lehrer. In seinen wichtigsten Veröffentlichungen thematisiert Krishnamurti spirituelle Fragen, wie etwa die Erlangung vollständiger geistiger Freiheit durch Meditation.

Hugo Makibi Enomiya-Lassalle
1898–1990, deutscher Jesuit und Zen-Meister, Wegbereiter der Verständigung zwischen Zen-Buddhismus und Christentum.

Erich Neumann
1905–1960, deutsch-israelischer Psychologe und Psychoanalytiker, gilt als der bedeutendste und eigenständigste Schüler C. G. Jungs.

NLP
Das Neuro-Linguistische Programmieren (kurz NLP), in den 1970er Jahren von Richard Bandler und John Grinder entwickelt, ist eine Sammlung von Kommunikationstechniken und Methoden zur Veränderung psychischer Abläufe, die u.a. Konzepte aus der Klientenzentrierten Therapie, der Gestalttherapie, der Hypnotherapie und den Kognitionswissenschaften aufgreift. Die Bezeichnung »Neuro-Linguistisches Programmieren« soll ausdrücken, dass Vorgänge im Gehirn (= Neuro) mit Hilfe der Sprache (= linguistisch) auf Basis systematischer Handlungsanweisungen (= Programmieren) änderbar sind.

Osteophonie
Stimmausbildung, die aus Frankreich stammt und auf Erkenntnissen des französischen HNO-Arztes Alfred Tomatis (1920–2001) basiert, der herausgefunden hat, dass Menschen bereits im Mutterleib über die »Knochenleitung« die Stimme der Mutter wahrnehmen. Diejenigen Frequenzen, die dem Kind unangenehm sind, werden vom Gehirn ausgefiltert und sind in der Folge durch die Stimme des Kindes nicht ausdrückbar. Tomatis hat die veränderte

Stimme der Mutter, bzw. die Musik von Bach und Mozart, wenn die Mutter nicht mehr erreichbar war, über Kopfhörer dem Patienten zugespielt, mit dem Erfolg, dass die ausgeblendeten Frequenzen integriert werden konnten. Sein Schüler François Louche begründete die geniale Methode der Osteophonie, in der ausschließlich durch Stimmübungen dasselbe Ergebnis erzielt werden kann.

Rainer Maria Rilkes Gedicht (siehe »Einleitung«) stammt aus dem »Buch vom mönchischen Leben« (geschrieben 1899), das wiederum ein Teil des Gedichte-Zyklus »Das Stunden-Buch« (1905 veröffentlicht) ist.

Im vollen Wortlaut lautet es so:

»Gott spricht zu jedem nur, eh er ihn macht,
dann geht er schweigend mit ihm aus der Nacht.
Aber die Worte, eh jeder beginnt,
diese wolkigen Worte sind:

Von deinen Sinnen hinausgesandt,
geh bis an deiner Sehnsucht Rand;
gieb mir Gewand.

Hinter den Dingen wachse als Brand,
daß ihre Schatten ausgespannt
immer mich ganz bedecken.

Laß Dir alles geschehn: Schönheit und Schrecken.
Man muß nur gehn: Kein Gefühl ist das fernste.
Laß dich von mir nicht trennen.

Nah ist das Land,
das sie das Leben nennen.

Du wirst es erkennen
an seinem Ernste.

Gieb mir die Hand.«

Nagaya Roshi
1895–1993, japanischer Zen-Meister. Studierte in seiner Jugend Philosophie und Ethik in Berlin und Marburg, u.a. bei Martin Heidegger und Nicolai Hartmann. Nach seiner Rückkehr aus Deutschland widmete er sich in Japan dem Studium und der Übung des Zen, wurde Schüler des berühmten Zen-Meisters Sokatsu und lehrte an der kaiserlichen Universität in Tokio. Ab 1967 kam er jedes Jahr für einige Monate nach Europa, um Zen-Meditationen – »Sesshins« – zu leiten. Er ist einer der bedeutendsten Zen-Meister seiner Zeit.

Steve de Shazer
1940–2005, amerikanischer Psychotherapeut, Begründer der »Lösungsorientierten Kurztherapie«, die davon ausgeht, dass es hilfreicher ist, sich auf Wünsche, Ziele, Ressourcen und Ausnahmen vom Problem zu konzentrieren anstatt auf die Probleme selbst und ihre Entstehung.

Systemische Aufstellungsarbeit
Sie ist eine Methode, die sich aus der Systemtheorie entwickelt hat und seit den 1970er Jahren vor allem im familientherapeutischen Kontext verwendet wurde. Inzwischen hat diese Methode in Beratungskontexten jeder Art, im wissenschaftlichen, künstlerischen und auch philosophischen Bereich Eingang gefunden.

Die Grundannahme ist, dass wir Menschen ein gemeinsames Wissen haben, C. G. Jung nannte es das »kollektive Unbewusste«. Die Systemaufstellung macht es möglich, mit diesem gemeinsamen Wissen in Resonanz zu kommen und Inhalte abrufbar zu machen, die tiefer als das Tagesbewusstsein liegen.

Themen, die uns beschäftigen, werden in ihre Aspekte aufgefächert, bei Familien oder anderen Gruppierungen geht es um die zum System gehörigen Personen. Es ist vorwiegend eine Gruppenarbeit, kann aber auch im Einzelsetting verwendet werden. In der Gruppe wählt der Klient Repräsentanten, z.B. für Familienmitglieder oder Aspekte seines Themas und stellt sie im Raum auf. Damit wird sein inneres Bild des Themas sichtbar und die Art und Weise, wie er die einzelnen Positionen in Bezug zueinander setzt. Die Repräsentanten kommen an ihren Plätzen mit dem unbewussten Wissen des Fragenden in Kontakt und können es sprachlich, aber auch durch Emotionen und Körpergefühle ausdrücken. Die Aufgabe des begleitenden Therapeuten oder Beraters ist es, mit sehr viel Respekt und ohne eigene Interpretationen dieses auftauchende Wissen des Klienten in eine Richtung zu ordnen, die eine Antwort auf die Frage oder eine mögliche Lösungsrichtung zeigt.

Matthias Varga von Kibéd
Geboren 1950, deutscher Philosoph, Logiker, Wissenschaftstheoretiker und gemeinsam mit Insa Sparrer Begründer der Systemischen Strukturaufstellung.

Friedrich Weinreb
1910–1988, jüdisch-chassidischer Erzähler und Schriftsteller.

Ken Wilber
Geboren 1949, US-amerikanischer Autor, der vor allem über Psychologie, Philosophie, Mystik und Spirituelle Evolution schreibt. Autor von u.a. »Halbzeit der Evolution« und »Eros, Kosmos, Logos«. Hauptvertreter der »Integralen Theorie« und Begründer des Integralen Instituts (Colorado).

Marianne Williamson
Geboren 1952, US-amerikanische Autorin, Vortragende und spirituelle Lehrerin, Autorin des Buches »Eine Rückkehr zur Liebe«.

Stimmen zum Buch

Dieses Buch nimmt uns auf eine sehr persönliche Lebensreise mit, auf der einige wunderbare überindividuelle Funde warten. Die »Liebe frei von Mitgefühl« scheint mir verwandt mit der Idee eines nichtanhaftenden Mitgefühls, verbunden mit einer stärker energetischen Flussqualität, die über die Erfahrung des »Wasserlichts« zugänglich wurde. Auf diesem Weg begegnen wir der »Anfänglichen Gestalt« als unserem Entwurf, und der »Liebe, die mich wollte« als dem Impuls und der Quelle dieses Entwurfs – und dürfen nachvollziehen, wie sie sich mit Deiner Idee von Heilung verbinden.

Professor Dr. Matthias Varga von Kibed, SySt®

Christl Liebens Buch ist kein Ratgeber, keine Enthüllung, keine Biografie und kein Programm. Nichts zum Abarbeiten, kein Auftrag zum Verbessern oder An-Sich-Arbeiten. Dieses Buch ist eine Begegnung. Es ist nichts zum Nachgehen, sondern etwas zum Wiedererkennen. Es mag schon gewesen sein in unserem LeserinnenLeben, das Eine oder das Andere. Es mag noch kommen. Indem es uns widerfährt, werden wir. Aber das ist schon zu viel gesagt.

Irene Suchy, Musikwissenschafterin, Autorin, Ö1-Radioredakteurin

Gedanken wie »Sich selbst verzeihen«, »Tief verwurzelt im Bodenlosen« berühren mich in meinen inneren Räumen, die erst durch die Konkretheit und den Klang dieser Worte in ihrer Tiefe und Weite belichtet und in Schwingung versetzt werden, in denen ich mich durch ihre wertfreie Unbegrenztheit gehalten weiß. Ein herrliches Buch!

Beatrice Frey, Schauspielerin am Staatstheater Hannover